Σ BEST
シグマベスト

試験に強い！
要点ハンドブック
政治・経済

文英堂編集部　編

文英堂

本書の特色と使用法

1 学習内容を多くの項目(こうもく)に細分

　本書は，高等学校「政治・経済」の学習内容を**3編11章**に分けて，さらに学習指導要領や教科書の項目立て，および内容の分量に応じて，**70項目**，9つの「**ケース・スタディ**」に細分しています。

　したがって，必要な項目をもくじで探して使えば，テストの範囲にぴったり合う内容について勉強することができ，**ムダのない勉強が可能**です。

2 1項目は2ページで構成

　本書の各項目は，ひと目で学習内容が見渡せるように，原則として本を開いた**左右見開きの2ページ**で完結しています。もくじで必要な項目を探し出せば，2ページ単位で勉強できるようになっています。

　つまり，定期テストで必要な範囲だけを**短時間で，きちんと区切りをつけながら勉強できる**わけです。

3 本文は簡潔(かんけつ)に表現

　本文の表記は，できるだけ**ムダをはぶいて，簡潔にする**ように努めました。

　また，ポイントとなる語句は**赤字**や**太字**で示し，重要な部分に 重要 のマークをつけました。さらに関連する事項を示すために，きめ細かく**参照ページ**を入れていますので，そちらも読んでおきましょう。

4 重要なポイントを「要点」でハッキリ明示

本書では、重要なポイントは **要点** という形でとくにとり出して、ハッキリ示してあります。**要点** は、その見開きの中で最も基本的なことや、**最もテストに出やすいポイント**などをコンパクトにまとめてあります。

テストの直前には、この部分を読むだけでも得点アップは確実です。

5 「用語」と「+α」でさらにくわしく

本文の中に出てくる難しい用語は **用語** で、もう少しくわしく説明したほうがわかりやすいことがらは **+α** で解説しています。

本文中に❶のように、番号を示してありますので、その番号と同じところの説明を、本文に続いて読むようにしてください。本文で扱われている**基礎的な知識を補強し、理解を深める**ことができます。

6 テスト対策のしあげは「要点チェック」

テスト対策のしあげのために、章末には一問一答形式の**要点チェック**を設けています。**答えはページの下段に示してあります。**

テストの直前には必ず解いてみて、解けなかった問題は、右側に示されたページにもどって復習しましょう。問題のレベルは学校の**定期テストに合わせてある**ので、これを解くことで確実に定期テストの得点アップがはかれます。

もくじ

1編 現代の政治

1章 民主政治の基本原理
1. 政治と国家……………………………8
2. 国家と法………………………………10
3. 社会契約説と権力分立………………12
4. 基本的人権と人権保障の広がり……14
5. 民主政治の基本原理…………………16
6. イギリス・アメリカの政治体制……18
7. ロシア・中国の政治体制……………20
- 要点チェック…………………………22

2章 日本国憲法の基本原理
8. 日本国憲法の成立と基本原則………24
9. 国民主権と基本的人権の尊重………26
10. 日本の平和主義と安全保障…………28
11. 憲法の最高法規性と憲法改正………30
12. 平等権・自由権………………………32
13. 社会権・参政権・請求権……………34
14. 新しい人権……………………………36
15. 公共の福祉と国民の義務……………38
- 要点チェック…………………………40

3章 日本の政治機構
16. 日本の三権分立と国会………………42
17. 国会の機能と権限……………………44
18. 内閣と行政……………………………46
19. 行政機能の民主化……………………48
20. 裁判所と司法権の独立………………50
21. 公平な裁判と人権保障………………52
22. 地方自治の意義と運営………………54
23. 住民の権利と地方自治の課題………56
- 要点チェック…………………………58

4章 日本の政治の現状と課題	24	政党と政党政治	60
	25	日本の政党政治	62
	26	選挙制度と選挙区制	64
	27	日本の選挙制度	66
	28	民主政治と世論	68
	●	要点チェック	70

5章 国際社会と国際連合	29	主権国家と国際社会	72
	30	国際法と国際社会	74
	31	勢力均衡から集団安全保障へ	76
	32	国際連合の成立	78
	33	国際連合のあゆみ	80
	●	要点チェック	82

6章 国際政治の動向	34	冷戦と緊張緩和	84
	35	冷戦終結後の新秩序	86
	36	国際紛争と難民問題	88
	37	核兵器の開発と軍縮	90
	38	日本の外交と国際貢献	92
	●	要点チェック	94

2編 現代の経済

7章 経済社会と経済体制

- **39** 資本主義経済の成立と発展……… 96
- **40** 資本主義経済の弊害と変容……… 98
- **41** 社会主義経済の成立と変容………100
- ● 要点チェック………102

8章 現代経済のしくみ

- **42** 家計・企業・政府の役割………104
- **43** 企業の種類と社会的責任………106
- **44** 市場経済の機能と限界………108
- **45** 国民所得と国富………110
- **46** 経済成長と景気循環………112
- ● 要点チェック………114
- **47** 財政のしくみと働き………116
- **48** 租税と公債………118
- **49** 金融のしくみと働き………120
- **50** 金融政策………122
- **51** 物価の変動………124
- ● 要点チェック………126

9章 日本経済のあゆみ

- **52** 戦後日本経済のあゆみ………128
- **53** 現代の日本経済………130
- **54** 中小企業の地位と役割………132
- **55** 農業の現状と課題………134
- ● 要点チェック………136

10章 日本経済の諸課題

- **56** 消費者問題………138
- **57** 高度情報社会………140
- **58** 労働者の権利………142
- **59** 今日の労働問題………144
- ● 要点チェック………146

	60	社会保障制度	148
	61	少子高齢社会と社会保障	150
	62	公害問題と環境政策	152
	63	地球環境問題	154
	64	資源・エネルギー問題	156
	●	要点チェック	158

11章 国民経済と国際経済

65	貿易と国際分業	160
66	国際収支と外国為替	162
67	IMFとWTO	164
68	地域的経済統合	166
69	経済のグローバル化	168
70	南北問題と日本の役割	170
●	要点チェック	172

3編 現代社会の諸課題

ケース・スタディ

1	少子高齢社会と社会保障	174
2	地域社会の変貌	175
3	雇用と労働をめぐる問題	176
4	格差社会	177
5	農業と食料問題	178
6	温暖化対策	179
7	TPPに関する議論	180
8	人種・民族問題と地域紛争	181
9	国際社会における日本の役割	182

◆ さくいん … 183

1 政治と国家

1 政治の機能と政治権力

1 政治の二大機能
① **秩序の形成と維持**…社会秩序の維持，人々の間の紛争や利害関係の調整，治安の維持や国防など。

② **公共サービスの充実**…教育・文化の向上，環境保全，産業振興，社会福祉の増進などの公共サービスの提供や国際貢献など。

2 政治権力（権力）
社会の構成員の行動を支配・規制する強制力のこと。

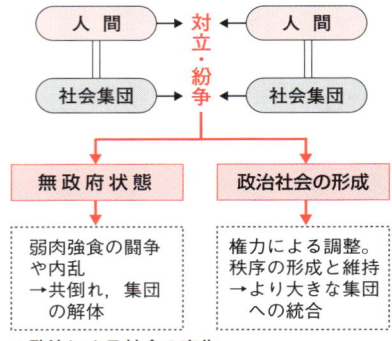

▲政治による社会の変化

3 政治の形態
権力の所在などによって，政治の形態が分類される。

① **権力の所在による分類**…君主政治，貴族政治，専制政治，独裁政治，民主政治に分けられる。

② **支配の正当性による分類**…ドイツの社会学者**マックス＝ウェーバー**は，支配の正統性を伝統的権威や慣習による**伝統的支配**，ある個人の能力・資質によって支配の妥当性が与えられている**カリスマ的支配**，法律と官僚機構の妥当性・権限に基づく**合法的支配**の3つに分類した。

> **要点**　[政治の機能と政治権]
> ・**政治の機能**…社会秩序の形成と維持，公共サービスの充実
> ・**政治権力**…社会の構成員の行動を支配，規制する強制力

2 政治と国家

1 国家の三要素【重要】
領域[1]（領土・領海・領空）・**国民**・**主権**のこと。

2 主権
①国家の最終的な意思を決定する権力，②国内的には，国家がその領域内の国民を統治する最高権力（統治権），③対外的には，他国の干渉を許さない独立した権力の3つの意味で用いられる。

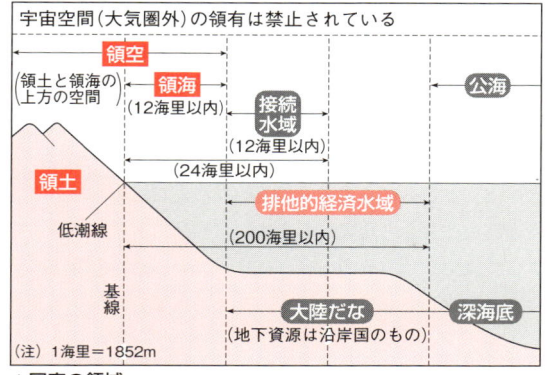

1章　民主政治の基本原理

宇宙空間(大気圏外)の領有は禁止されている

領空（領土と領海の上方の空間）
領海(12海里以内)
接続水域(12海里以内)
(24海里以内)
公海
領土
低潮線
基線
排他的経済水域(200海里以内)
大陸だな(地下資源は沿岸国のもの)
深海底
(注) 1海里=1852m

▲国家の領域

国連海洋法条約(1994年発効，日本は1996年批准)では，**領海は，基線から12海里以内**と定められている。また，領海をこえる**200海里までの範囲が排他的経済水域**とされ，その水域および大陸だなでの漁業・鉱物資源などへの権利は沿岸国に認められている。なお，**公海には公海自由の原則**が適用される。

3│ボーダンの主権論

フランスの法学者ボーダンは『**国家論**』で，主権の概念を明確化し，絶対主義を擁護した。国家の主権は絶対かつ永久・不可分なものであり，対外的には最高独立性を有し，対内的には最高決定力をもつとした。

4│国家の機能の変化 重要

① **近代国家**…国民主権・基本的人権を原理とする民主主義国家の成立。国家は治安・国防・外交に専念し，国民の経済活動には**自由放任政策(レッセ・フェール)** をとる。**夜警国家**❷ともいわれる。

② **現代国家**…国民の参政権，生存権の拡大に伴い，社会福祉や社会保障に積極的に介入する**福祉国家**が登場。一方で，1980年代以降，福祉国家を批判し，**大きな政府から小さな政府**へシフトする**新自由主義**の台頭がみられる。

要点

[国家の三要素]　**領域・国民・主権**

主権 ｛ **国内的**…領域・国民を統治する最高権力(統治権)
　　　 対外的…他国の干渉を許さない独立した権力

用語

❶ **領域**　国家の絶対的権力のおよぶ範囲のことで，**領土・領海・領空**からなる。領海は，国連海洋法条約で海岸から12海里とされた。排他的経済水域外は**公海**。

❷ **夜警国家**　ドイツの政治学者**ラッサール**が，自由主義国家に対して批判的に使用した言葉(≒小さな政府，**消極国家**)⇔**福祉国家**≒大きな政府，**積極国家**。

2 国家と法

1 国家と法

1｜法の種類 法は，形態や内容によって，さまざまに分類される。

① ｛ **自然法**…人間社会の成立とともに存在する普遍的な法，自然の摂理。
実定法…制定法や慣習など社会に現実にある法。自然法に対する概念。

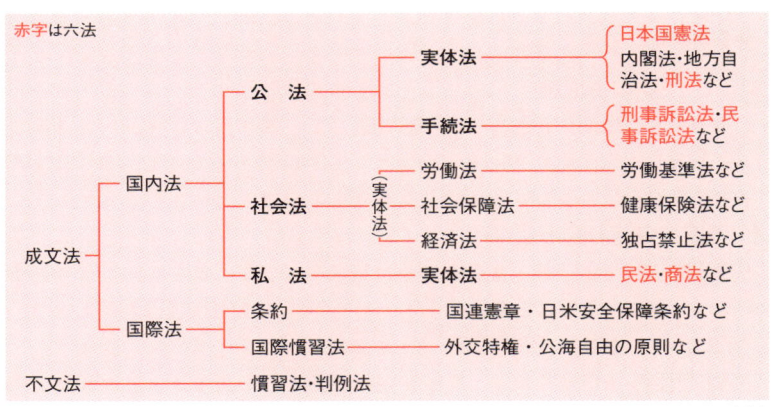

② ｛ **成文法**…文章によって規定され，その内容が確定している法，**制定法**。
不文法…慣習法など，文章化されていないが，社会的に確立している規範。

赤字は六法

```
                   ┌ 公 法 ┬ 実体法 ── 日本国憲法／内閣法・地方自治法・刑法など
                   │       └ 手続法 ── 刑事訴訟法・民事訴訟法など
          ┌ 国内法 ┤         ┌ 労働法 ──── 労働基準法など
          │       ├ 社会法 ─┼ 社会保障法 ─ 健康保険法など   (実体法)
  成文法 ─┤       │         └ 経済法 ──── 独占禁止法など
          │       └ 私 法 ── 実体法 ── 民法・商法など
          └ 国際法 ┬ 条約 ─────── 国連憲章・日米安全保障条約など
                   └ 国際慣習法 ── 外交特権・公海自由の原則など
  不文法 ─── 慣習法・判例法
```

▲**法の分類** **公法**は，国家と個人の関係や国家間の関係などを規律する法。**私法**は，私人間の利害関係などを規律する法である。また，**実体法**は，権利義務関係の発生・変更・消滅などの要件を定めた法。**手続法**は，実体法を維持し実現するための手続きを定めた法である。

2｜法と道徳の関係

①**社会規範**…法，道徳，宗教，慣習など。法は道徳の最小限といわれる。

②**実効力から見た関係**…**法**は，人々が守るべき規律として国家権力によって強制され，これに違反すると刑罰が科せられる。**道徳**は，個人の良心に基づくもので，これに反しても刑罰は科せられないが，良心の呵責や，社会的非難がある。

3｜契約自由の原則 公法と違い，私法の領域において私人が結ぶ契約は，当事者の自由な意思に基づいて決定され，国家は介入してはならないとする原則。

2 法の支配

1 人の支配から法の支配へ
封建的専制政治のもとでは、国家権力による恣意的な**人の支配**が行われ、国民の基本的人権は無視されがちであった。そのため、権力者の上に法をおき、権力の行使も法に従わなければならないとする**法の支配**の考えが生まれた。

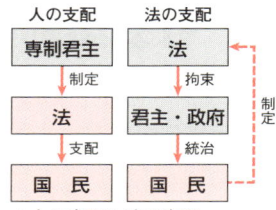

▲人の支配と法の支配

2 法の支配の発達 重要
イギリスで発達。

① **法の支配の萌芽**…13世紀の**マグナ・カルタ**で国王の権利が制限され、ブラクトンは「国王といえども神と法の下にある」と述べた。

② **法の支配の確立**…17世紀には**エドワード＝コーク**が、ブラクトンの言葉を引用して、国王もまた**コモン・ロー**❷（普遍法）や議会制定法に拘束され、法の解釈や適用は裁判所が行うべきであると主張。さらにピューリタン革命（→1642～49年）や名誉革命（→1688～89年）を経て1689年に**権利章典**が出され、法（議会制定法）の優越が確立した。

③ **違憲法令審査制への発展**…法の支配の考え方は、近代国家において議会を国権の最高機関とした。また、アメリカでは判例を通して裁判所の**違憲法令審査権**が確立し、法の支配の制度的保障がなされるようになった。

3 法治主義と法の支配の違い 重要

① **法治主義**…ドイツで発達した概念。権力の行使は、法律に基づかなければならないとする立場。

② **法の支配**…イギリス・アメリカで発達した概念。適用の形式だけでなく、法の内容が人権保障の内容を伴っているかを重視する立場。

要点 [法治主義と法の支配]
- **法治主義**…権力の発動が法の形式に適合しているかを重視
- **法の支配**…法の内容が人権を保障しているかを重視

用語

❶ **社会規範** 人間が社会生活を行うときに守るべき行動基準。法や道徳のほか、慣習・モーレス（道徳的慣習）や特定の行動を禁止するタブーなどが含まれる。

❷ **コモン・ロー** イギリスにおいて歴史的に積み重ねられてきた一般的慣習法や判例法の総称。イギリスの不文憲法主義の基礎をなす。

3 社会契約説と権力分立

1 自然法思想と社会契約説

1 自然法思想と自然権
① **自然法思想**…国家が成立する以前の自然状態において、時代や社会を超えて通用する普遍的な法があるとする考え方。
② **自然権**…社会契約が成立する以前の自然状態において、生命・自由・財産などについての諸権利など、人間として当然に保障されるべき権利。

2 社会契約説 【重要】
絶対君主による専制政治を正当化した**王権神授説**[①]に対し、国家や政府は国民の合意（契約）によってつくられ、国民の基本的人権を保障するために存在するとした。17〜18世紀に**ホッブズ・ロック・ルソー**らが唱えた。

	主著	自然状態	社会契約
ホッブズ	『リバイアサン』 ↳題名は旧約聖書に出てくる怪獣に由来	万人の万人に対する闘争	政府に自然権を譲渡。
ロック	『市民政府二論（統治二論）』	自然権は必ずしも守られるとは限らない。	政府に自然権を一部譲渡するが、政府は自由・生命・財産など（自然権）をむやみに侵害できない。**抵抗権（革命権）**がある。
ルソー	『社会契約論』	自由・平和・平等	**直接民主制**による**人民主権**[②]・**一般意思（一般意志）**の実現。

▲ホッブズ・ロック・ルソーの社会契約説

ホッブズが絶対王政を擁護したのに対し、ロックは抵抗権の概念で名誉革命を擁護した。ルソーの考えはフランス革命の理論的土台となった。

3 宣言・法規
アメリカの**バージニア権利章典**（↳1776年）、**アメリカ独立宣言**（↳1776年）、合衆国憲法（↳1787年）や**フランス人権宣言**（↳1789年）などは、いずれも自然法思想と自然権を基礎としている。また、アメリカ独立宣言において抵抗権（革命権）が明記された。

> **要点** [社会契約説]
> **ホッブズ**が絶対王政を擁護したのに対し、**ロック**は**抵抗権**があるとした。
> **ルソー**は、**一般意思**による**直接民主制**を提唱

2 民主政治と権力分立

1 権力分立の原理 重要

①**権力分立の定義**…政治権力を，立法権・行政権・司法権などの異なった機関に分掌させ，**権力の抑制と均衡**（チェック・アンド・バランス）を図る。

②**権力の濫用の防止**…"あらゆる権力は腐敗の傾向をもつ。絶対的権力は絶対的に腐敗する"（アクトンの言葉）といわれる。権力分立は，政治権力の独走や濫用を防ぎ，国民の基本的人権を擁護するしくみ。

2 ロックの権力分立論
ロックは政治権力を立法権と執行権（行政権）・同盟権に分立させた。彼は『**市民政府二論**（統治二論）』の中で，議会には立法権を，国王には執行権と同盟権をそれぞれ分掌させ，議会の立法権は国王の執行権・同盟権を抑制できるとした。⇒イギリス型…議会中心の議院内閣制。
（→p.18）

3 モンテスキューの権力分立論 重要

①**三権分立**の提唱…主著『**法の精神**』の中で展開。同一の人間または同一の団体が政治権力をすべて行使することが認められれば暴政が生じ，専制政治に陥ると述べ，政治権力を立法権・行政権・司法権の三権に分け，それぞれ独立の機関に担当させるべきだとした。

②**抑制と均衡**（チェック・アンド・バランス）の考え…モンテスキューは，立法・行政・司法の三権が相互に対等関係で抑制しあい，均衡を保つべきだと説いた。⇒アメリカ型の大統領制で，立法権や課税権が国王から議会に移行していった歴史的過程も，抑制と均衡の考えの表れであった。
（→p.19）

3 権力分立制の拡大
狭義の権力分立は，立法・行政・司法の三権分立をさす。広義には，①立法部の二院制，②行政部の一般行政機関とは別にある行政委員会の存在，③司法部の各級裁判所の存在と審級制，④中央（国）に対する地方分権（地方自治）などもある。

> **要点**
> [権力分立制] 政治権力の濫用を防止するための近代民主政治の原則
> **モンテスキュー**が『**法の精神**』で**三権分立**を理論化
> →アメリカ合衆国の大統領制で最も厳格に運用

用語

❶**王権神授説** 国王の権力は神から与えられたもので，神聖にして不可侵であるとする考え方。絶対主義を正当化する理論。

❷**人民主権** ルソーのいう人民主権は，国家を構成する個々の成員の一般意思（公共の利益を追求する意志）として表れる。

4 基本的人権と人権保障の広がり

1 基本的人権の保障

1) 18世紀的基本的人権 重要
おもに18世紀に獲得された**自由権的基本的人権**のことで，人間の権利・自由は天賦のものとして保障される。国家による不当な干渉を受けないことを基本理念とする(**国家からの自由**)。

2) 20世紀的基本的人権
自由権的基本的人権を拡充した諸権利。

①**参政権の獲得**…資本主義経済の発達とともに増大した労働者や**小市民**[1]，あるいは農民は，基本的人権をより徹底して確保するために，自らが国の政策や立法に参加しようと参政権の獲得をめざした(**国家への自由**)。イギリスにおける1838年の**チャーチスト運動**が最初の本格的な参政権[2]獲得運動といわれる。

年	おもな事項
1215	マグナ・カルタ(英)…国王が諸侯の要求を認めた勅許状
1265	イギリス議会の成立
1628	権利請願(英)
1642	ピューリタン革命が起こる(英)
1688	名誉革命(英)
1689	権利宣言→権利章典(英)
1690	ロック『市民政府二論』
1748	モンテスキュー『法の精神』
1762	ルソー『社会契約論』
1776	バージニア権利章典(米)
	アメリカ独立革命→独立宣言
1787	アメリカ合衆国憲法
1789	フランス革命→人権宣言
1803	違憲立法審査権の確立(米)
1848	マルクスら『共産党宣言』
1863	奴隷解放宣言(米)
1889	大日本帝国憲法
1917	ロシア革命
1919	ワイマール憲法(独)

▲近代民主政治の発達に関する略年表

②**社会権の思想** 重要 …資本主義経済の発達で表面化した貧困や失業に対し，国が積極的に「健康で文化的な最低限度の生活を営む権利」(**生存権**)や**労働基本権**，教育権などを保障しようという考え方(**国家による自由**)。社会権を最初に明文で規定したのは1919年の**ワイマール憲法**である。

> **要点** [基本的人権の保障]
> ・**自由権**…国家からの干渉を排除
> ・**社会権**…貧困・失業・環境破壊に対し，国家が**生存権**を保障

1章　民主政治の基本原理

2 人権保障の国際化

1│ 宣言の時代　国連を中心に，人権の大切さを各国に呼びかけた。

① **４つの自由**…第二次世界大戦の惨禍に対する反省から，アメリカのフランクリン＝ローズベルト大統領が提唱した４つの自由の理念。言論と表現の自由，信仰の自由，欠乏からの自由，恐怖からの自由をいう。

② **世界人権宣言**…1948年，国連総会で採択。すべての人民とすべての国とが達成すべき基本的人権についての基準を定めた宣言。

③ **人間環境宣言**…1972年，国連人間環境会議で環境保護の大切さを唱えた。

2│ 条約の時代　各国に人権保障を義務づけ，法的に拘束できるようになった。

① **国際人権規約** 重要 …1966年採択。世界人権宣言に法的拘束力をもたせた。「経済的・社会的および文化的権利に関する国際規約」（**A規約**，社会権規約）と「市民的および政治的権利に関する国際規約」（**B規約**，自由権規約）からなる❸。

② **人種差別撤廃条約**…1965年採択。あらゆる形態の人種差別を禁止。

③ **女子差別撤廃条約**…1979年採択。女子に対するあらゆる形態の差別を禁止。

④ **児童（子ども）の権利条約**…1989年採択。子どもを権利の主体としてとらえ，その権利を保障。

⑤ **障害者権利条約**…2006年採択。障害のある人の基本的人権の促進・保護。
国際連合では，**人権理事会**が加盟国の人権状況の改善を各国政府に勧告。

3│ 日本が批准していないおもな国際人権条約

① 国際人権規約の３つの選択議定書…B規約の選択議定書（1966年採択），B規約の第二選択議定書（死刑廃止条約，1989年採択），A規約の選択議定書（2008年採択）。

② その他… **ジェノサイド条約**（1948年採択），**障害者権利条約**など。

+α

❶ **小市民**　資本家と労働者との中間の階層に属する人々のこと。自営の商工業者，技術者，自営農民など。

❷ **参政権の拡大**　イギリスでは1832年に産業資本家層に，1867年に都市の小市民・労働者に選挙権が認められた。1848年，フランスで世界初の成年男子普通選挙が行われ，その後，多くの国に広がった。初の成年男女普通選挙は1919年，ドイツのワイマール憲法下においてである。

❸ **A規約・B規約への日本の留保**　日本は，公務員のストライキ権，祝祭日の給与，高校・大学の無償化の３点を留保して，1979年にA規約とB規約を批准した。

5 民主政治の基本原理

1 近代民主政治の成立

1│民主政治の実現 近代民主政治の理論は，17〜18世紀にヨーロッパにおいて，**自然権**を前提とする**社会契約説**によってうちたてられ，**市民革命**を通じて実現。

2│民主政治の原理 重要 **国民主権**，**代議制**（議会政治），**基本的人権の尊重**。民主主義に基づく政治は，国民主権の原理により，国民の意思に従って行われる。アメリカ第16代大統領の**リンカーン**が南北戦争の戦地ゲティスバーグ（↳1861〜65年）で述べた「人民の，人民による，人民のための政治」という言葉は，民主政治の原理を簡潔に述べている。また，**バージニア権利章典**（↳1776年）や**フランス人権宣言**（↳1789年）において基本的人権の保障の原理を明文化した。

2 立憲政治

1│近代立憲主義 個人の人権保障を目的とし，そのための統治機構を定めた国家の基礎法に基づいて政治を行うこと。形式的な立憲政治は中世・絶対王政の時代にはじまり，最初は王・貴族・僧侶などの特権保護の性格が強かった。その後，近代立憲主義は啓蒙主義と市民革命の時代を経て確立され，議会制民主主義を発展させた。

2│ドイツ・フランスでの発展 行政に対する**議会の優位**，議会中心の立憲政治が展開された。ここでは，人権は立法および法律により保障されるという意味合いが強い。

3│イギリス・アメリカでの発展 議会への不信が強かったため，**厳格な三権分立**が確立し，人権は憲法によって保障されるという考え方が根付いた。

4│近代立憲主義の目的 フランス人権宣言第16条では，「権利の保障が確保されず，権力の分立が規定されないすべての社会は，憲法をもつものではない」と述べている。ここに見られるように，憲法は君主や国家の権力を制限し，また権力分立によって個人の人権保障を図ることを近代立憲主義の目的としている。これに対し，ドイツ帝国や大日本帝国の立憲主義は人権保障を目的とするものではないことから，外見的立憲主義と呼ばれる。

3 国民主権と代表制

1｜国民主権 国の政治のあり方を最終的に決定する力が国民にあるということ。君主主権に対比して用いられ、**主権在民**や**人民主権**ともいう。国民主権は、すべての国民に主権があることを意味するが、**チャーチスト運動**などによる参政権の広がり、および普通選挙の実施で実現していった。

2｜直接民主制と間接民主制(代表民主制) 重要

①**直接民主制**❶…国民が直接参加する政治のこと。有権者全員による会議もしくは有権者全員による投票が行われる。古代ローマの民会やスイスの州民集会、アメリカの**タウンミーティング**❷など。

②**間接民主制**…国民が代表を選出し、その代表によってつくられる議会で政治が行われる。

3｜間接民主制の三原理

①**代表の原理**…代表者(議員)は全国民の意思を公正・的確に反映させること。

②**審議の原理**…決定を下す前の十分な討議と、少数意見の尊重。十分な審議のあと、全会一致ができない場合は、多数の意見を全体の意見とする(**多数決の原理**)。

③**監督の原理**…国民のための行政が公正におこなわれているかどうかを、議会が厳重に監督すること。

> **要点** [民主政治の基本原理]
> ・近代民主政治の前提…**国民主権**の確立、**基本的人権の尊重**
> ・制度としての原理… { 代表制…**間接民主制**
>   権力分立制…**三権分立**など。憲法で保障 }

用語

❶**直接民主制** 次のような方法がある。①**国民発案(イニシアティブ)**…国民が直接に提案すること。地方住民の条例の制定・改廃の請求など。②**国民表決(レファレンダム)**…国民の意思を投票によって国家に反映させること。憲法改正の国民投票、地方自治特別法に対する住民投票など。③**国民解職(リコール)**…公職者を任期満了前に国民の投票で罷免すること。最高裁裁判官の国民審査や地方自治の解職請求など。

❷**タウンミーティング** アメリカの一部の州で行われている直接民主制的な地方自治の形態。町などの小さな自治体で大多数の住民が参加して、自治体の予算などを議決する。

1編 現代の政治

6 イギリス・アメリカの政治体制

1 イギリスの政治体制

1| **憲法** マグナ・カルタ, 権利請願, 権利章典や伝統・慣習・判例などを法源とする**不文憲法**[1]の国。

2| **国王** 国王は**元首**として象徴的な地位にあり,「君臨すれども統治せず」といわれる。内閣の助言によって形式的に議会の召集・解散などを行う。

3| **議会** 最高の立法機関で, **上院(貴族院)** と **下院(庶民院)** の二院(両院)制。
 ① 上院(貴族院)…国王により任命される貴族や聖職者で構成。任期・定員は不定。
 ② 下院(庶民院)…国民による直接選挙によって選出される。任期5年。1911年の議会法により下院の優位が決定。

4| **内閣** 重要 原則的に, 下院の第一党党首が首相となる。各大臣は両院の議員の中から首相が選ぶ(**議院内閣制**)。内閣は議会に対し, 連帯責任を負う。野党は「**影の内閣**」(シャドウ・キャビネット)を組織し, 政権交代に備える。

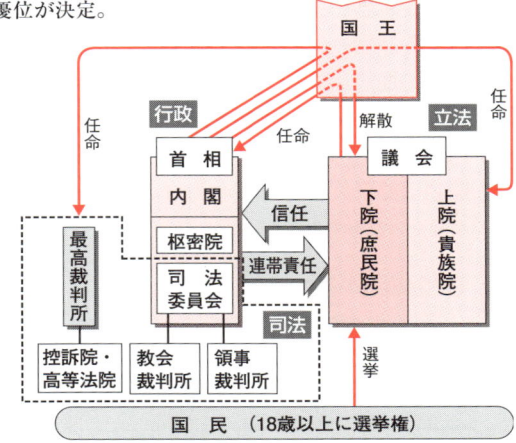

5| **最高裁判所** イギリスで三権分立の厳格化を求める世論の高まりから, それまで上院(法律貴族)に付属していた司法機能を移管して2009年に設置された。また, イギリスの裁判所には違憲法令審査権は認められていない。

▲イギリスの政治機構

> 要点
> [イギリスの政治体制]
> ・成文の憲法典をもたない**不文憲法**の国
> ・内閣の基盤を議会からの信任に求める**議院内閣制**を採用

1章 民主政治の基本原理

2 アメリカの政治体制

1│ アメリカ合衆国憲法　1787年、憲法制定会議で各州の批准を得て制定。

2│ 大統領制 重要　立法・行政・司法の**厳格な三権分立**を制度化している。

①**大統領の地位**…大統領は、国家元首、行政府の首長、陸海空三軍の長。国民の**間接選挙**❷で選ばれ、任期は4年で**3選は禁止**。大統領は、議会から不信任を受けることはなく、議会の解散権をもたない。

②**大統領の権限**…陸海空軍の統帥、議会への**教書**(政治上の意見書)の送付、特別の場合の議会の招集、**法案の拒否**(拒否権)、法律の実施、各省庁官・連邦最高裁判所の判事や外交使節の任免、条約の締結、大赦・執行猶予の認証など。

③**内閣**…大統領の諮問機関で、各省長官で組織される。内閣は連邦議会でなく、大統領に対して責任を負う。

3│ 連邦議会　最高立法機関。

①**上院**…各州2名・任期6年。条約の締結と高級官吏の任命について大統領に対し同意権をもつ。

②**下院**…各州人口比例で定員435名・任期2年。

4│ 連邦最高裁判所　最高の司法機関。判例によって確立された**違憲法令審査権**や**違憲行政審査権**をもつ。

▲アメリカの政治機構

> **要点**　[アメリカの政治体制]
> ・**厳格な三権分立**の原則を採用
> ・**大統領**は、行政機関の最高責任者として強大な権限をもつ

用語

❶**不文憲法**　憲法典の法形式をとらない根本法規。憲法典の文書形式をとるものは**成文憲法**という。

❷**間接選挙**　選挙は各州ごとに行われる。その州で最も得票数の多い候補者がその州の**大統領選挙人**の全定数を獲得する「勝者総取り」方式。最後に大統領選挙人が大統領を選ぶしくみになっている。

7 ロシア・中国の政治体制

1 ロシアの政治体制

1｜ソ連の解体とロシア連邦の成立 重要
→正式にはソビエト社会主義共和国連邦

① **民主的権力集中制**…1917年のロシア革命以来，共産党の指導のもとで進められた。各地にソ連の政治体制を形づくる**ソビエト**❶が組織された。

② **ゴルバチョフ政権**…1985年に成立しロシアの経済停滞や膨大な軍事費による予算の圧迫，政治体制の硬直化などの様々な問題を克服するために，**ペレストロイカ**(改革)と**グラスノスチ**(公開)を打ち出し，**複数政党制**や**大統領制**を導入した。しかし，民主化の動きと共産党保守派の反発で政治が安定せず，ソ連共産党の解散，各共和国の分離独立が急速に進んだ。

③ **ソ連の解体**…1991年末にはソ連が解体し，ゆるやかな組織として**独立国家共同体**(**CIS**)が成立した。

2｜大統領
ロシアの国家元首であり，行政の最高責任者。国民の直接選挙によって選ばれる。任期は6年で連続3選は禁止されている。広範で強大な権限をもち，下院の同意を得て首相を任命，内閣総辞職の決定，下院の解散の決定，軍最高司令官，非常事態宣言の布告等を行う。

3｜連邦議会
連邦会議(上院)と**国家会議**(下院)の二院制。国家会議は国民の直接選挙で選出される。

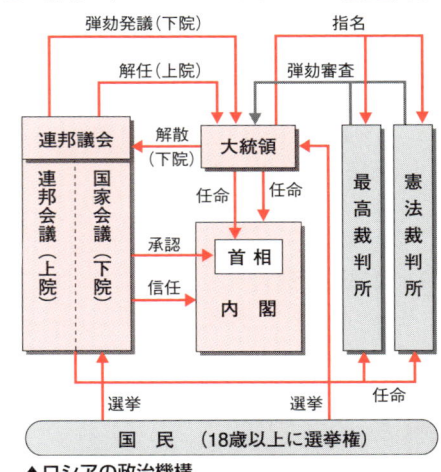

▲ロシアの政治機構

4｜最高裁判所
民事・刑事・行政などの訴訟を担当する最上級の司法機関。このほか，法律や大統領令の合憲性や連邦機関の権限などについて判断を下す憲法裁判所がある。

> **要点** [ロシアの政治体制]
> ・大統領…国家元首であり，広範かつ強力な権限もつ
> ・議　会…連邦会議と国家会議の**二院制**

2 中国の政治体制

1│ 社会主義体制の変容 重要　文化大革命❷後の1978年より**改革開放政策**
　↳プロレタリア文化大革命
がとられ，**社会主義市場経済**を推進。**経済特区**の設定や株式制度の導入をはかるなど，社会主義の政治体制下で市場経済を重視する改革を行っている。

2│ 全国人民代表大会（全人代）　中国の最高権力機関。一院制で，省・自治区・直轄市・軍の代表で構成。毎年1回開かれる。憲法改正や法律の制定，行政部・司法部の長の選任を行う。

3│ 常務委員会　法律・命令の制定，条約の批准，行政の違法審査など広汎な権限をもち，実質上国家の最高権力機関である。

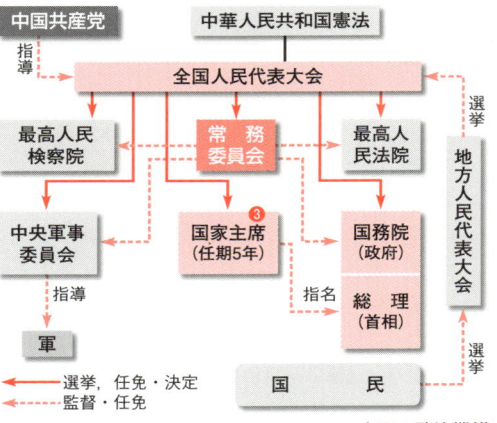

▲中国の政治機構

4│ 国務院　日本の内閣にあたる機関。全人代・常務委に対し責任を負う。
　↳国務院総理が首相に相当

> **要点** [中国の政治体制]
> ・**全国人民代表大会**（全人代）を頂点とする**権力集中制**
> ・**中国共産党**による一党支配

用語

❶**ソビエト**　ロシア語で会議・評議会の意味。ソ連の政治的基盤となる組織で，最高ソビエトをはじめ各段階で組織された。

❷**文化大革命**　1966年から始まった反毛・親ソ・資本主義的分子の大粛清運動。社会主義路線をめぐる争いであり，毛沢東死後，78年には終了し，否定された。

❸**国家主席**　内外に対して国家を代表する元首。象徴的存在で，全人代の決定にもとづいて国務院閣僚の任免などを行う。

要点チェック

↓答えられたらマーク　　　　　　　　　　　　　　　　　　わからなければ ⇨

- **1** 教育の向上や産業の振興などをはかる政治の機能とは，何か。　p.8 **1 1**
- **2** 近代自由主義国家において，国民の経済活動に関与しない政策を，何というか。　p.9 **2 4**
- **3** 国民の生存権の保障を政策目標とする現代国家は，何国家と呼ばれているか。　p.9 **2 4**
- **4** 人の支配を排除し，法にもとづいて国民の人権保障を実現しようとする思想を，何というか。　p.11 **2 1**
- **5** 4について述べたブラクトンの言葉はどのようなものか。　p.11 **2 2**
- **6** 法の内容より形式を重視する，ドイツで発達した概念は何か。　p.11 **2 3**
- **7** ホッブズが，強大な権限をもつ国家を旧約聖書に出てくる怪獣になぞらえて著した書物は，何か。　p.12 **1 2**
- **8** 次のア～ウの文章のうち，ホッブズ，ロック，ルソーらが説いた国家論にあてはまるのは，どれか。　p.12 **1 2**
  - ア　国家は社会の要求に応ずる一種の法人とみる。
  - イ　特定の階級が他を支配するために国家はつくられる。
  - ウ　自然権を実現するために各人の合意で国家をつくる。
- **9** 権力分立論は，政治を行う者への不信からも根拠づけられるが，それを明確に示したアクトンの言葉を示せ。　p.13 **2 1**
- **10** モンテスキューが三権分立を説いた著書は，何か。　p.13 **2 3**
- **11** モンテスキューは分立した政治権力を（　　　）と（　　　）の関係に置くべきだと主張した。　p.13 **2 3**
- **12** 次の①～③のうち，社会権を最初に規定したものは，どれか。　p.14 **1 2**
  - ①　ワイマール憲法　　②　チャーチスト運動
  - ③　人間と市民の権利宣言，バージニア州権利章典

答え

1 公共サービスの充実　**2** 自由放任政策（レッセ・フェール）　**3** 福祉国家　**4** 法の支配
5「国王といえども神と法の下にある」　**6** 法治主義　**7** リバイアサン　**8** ウ
9「あらゆる権力は腐敗の傾向をもつ。絶対的権力は絶対的に腐敗する」　**10** 法の精神
11 抑制，均衡　**12** ①

要点チェック

- □ **13** 世界人権宣言に法的拘束力をもたせた条約は，何か。 p.15
- □ **14** 民主政治の趣旨を簡潔に述べたリンカーンの言葉を示せ。 p.16
- □ **15** 次のア～ウのうち，国民主権の表れといえるのは，どれか。 p.17
    - ア 健康で文化的な最低限度の生活の保障
    - イ 成年者による普通選挙の確立
    - ウ 治安と国防などに専念する安価な政府の実現
- □ **16** イギリスの憲法の特色を示さないのは，次のうちどれか。 p.18
    - ア コモン・ロー　　イ 不文憲法　　ウ 硬性憲法
- □ **17** イギリスで1911年の議会法の規定において特筆されることがらは，何か。 p.18
- □ **18** アメリカの大統領が連邦議会に提出できる政治上の意見書を，何というか。 p.19
- □ **19** アメリカの大統領が，その権限としてもたないものは，次のうちどれか。 p.19
    - ア 法案の拒否権　　イ 議会の解散権
    - ウ 連邦最高裁判所の判事の任免権
- □ **20** アメリカの上院が大統領に対して行使できる同意権の対象について，高級官吏の任命のほか，あと1つは何か。 p.19
- □ **21** アメリカで判例によって確立した，裁判所が大統領や議会に対して抑制する機能をもつ権限を，何というか。 p.19
- □ **22** ロシアの国家元首にあたるのは，何か。 p.20
- □ **23** ロシアにおける立法機関は，次のうちどれか。 p.20
    - ア 最高会議　　イ 人民代議員大会　　ウ 連邦議会
- □ **24** 中国の政治体制に関する次のア～エの文について，正しい文を1つ選べ。 p.21
    - ア 人民解放軍は，共産党中央委員会が直接に統率を行う。
    - イ 全国人民代表大会は二院制で地方各級人民代表大会が選ぶ。
    - ウ 国務院は中国の最高行政機関で，日本の内閣に相当する。
    - エ 最高人民法院の長は，国務院の総理が選任する。

答え

13 国際人権規約　**14**「人民の，人民による，人民のための政治」　**15** イ　**16** ウ
17 下院の優越　**18** 教書　**19** イ　**20** 条約の締結や連邦最高裁判所判事の任命
21 違憲法令審査権　**22** 大統領　**23** ウ　**24** ウ

8 日本国憲法の成立と基本原則

1 大日本帝国憲法

1｜大日本帝国憲法（明治憲法）の制定 大日本帝国憲法は**自由民権運動**を経て、プロイセン（ドイツ）憲法を模範として、1889年に制定された近代的成分憲法。国民の権利・自由を「臣民の権利」として保障した。

2｜外見的な立憲政治 君主である天皇が臣民（国民）に与える**欽定憲法**❶として発布された。天皇は統治権の総攬者として大きな権限をもった。

▲大日本帝国憲法時代の政治機構
輔弼とは、君主の政治を助けること

2 日本国憲法の制定

1｜日本の民主化の実現

①ポツダム宣言の受諾…1945年8月、日本は**ポツダム宣言**を受諾して連合国に対し無条件降伏。ポツダム宣言は、日本に対し、軍国主義の排除、民主主義の復活強化、基本的人権の尊重などを要求したものであった。

②民主化の進展…**連合国軍総司令部（GHQ）**❷は、ポツダム宣言にそって、**治安維持法**❸の廃止と政治犯の釈放、言論の自由や**女性参政権の実現**、経済の民主化、労働組合結成の促進、自由主義教育の実施などを指令し、日本政府に実行させた。

2｜日本国憲法の制定過程

①憲法改正要綱（松本案）…憲法問題調査委員会が作成。天皇の統治権を温存しており大日本帝国憲法と大差がなく、GHQに拒否された。

②**マッカーサー草案**…天皇制の存続、戦争の放棄、封建的諸制度の廃止という**マッカーサー三原則**を柱とした憲法改正草案が発表された。

③日本国憲法の成立…1946年6月、政府は憲法改正案を枢密院および第90回帝国議会に上程→**衆議院・貴族院**で審議・修正し、可決。

→1946年11月3日、日本国憲法を公布→1947年5月3日、施行。

3 日本国憲法の原則

1｜日本国憲法の性格 重要　形式的には大日本帝国憲法の改正手続きを踏んだものの、民定憲法として成立した。

2｜三大基本原則　国民主権、基本的人権の尊重、平和主義。平和主義は、他国の憲法に見られないほどの徹底したもの。天皇は日本国と日本国民の象徴。

3｜大日本帝国憲法の特色 重要
①臣民の権利…「法律の留保」を受けるため、自然法由来の人権とは区別される。
②主権者…立法・行政・司法は形式的に天皇に集中し、帝国議会は協賛機関。内閣の各国務大臣は天皇を輔弼すると規定されている。また、天皇は軍の統帥権や緊急勅令、独立命令などの天皇大権をもつ。(→p.26)

> 要点　[三大基本原則]
> ・国民主権…天皇は象徴。国事行為のみを行う
> ・基本的人権の尊重…永久不可侵の権利として保障
> ・平和主義…戦争放棄、戦力不保持、交戦権の否認

日本国憲法	比較事項	大日本帝国憲法
民定憲法	性　格	欽定憲法
国民主権	主　権	天皇主権
象徴、国事行為のみを行う	天　皇	神聖不可侵・元首、統治権を総攬する天皇に統帥権
平和主義(戦争の放棄・戦力の不保持・交戦権の否認)	戦争・軍隊	国民の三大義務の一つである兵役
基本的人権として尊重される	国民の権利	「臣民」としての権利
国権の最高機関	議　会	天皇の協賛機関
最高の行政機関	内　閣	天皇の輔弼(たすける)機関
司法権の独立を保障、違憲立法審査権	裁判所	天皇の名による裁判
地方自治の本旨を尊重	地方自治	規定なし
国会の発議→国民投票	憲法改正	天皇が発議→帝国議会が議決

▲日本国憲法と大日本帝国憲法

用語
❶欽定憲法　君主が制定した憲法。これに対し、国民が制定(国民主権のもとに議会で制定)した憲法を民定憲法という。
❷GHQ　General Head Quarters の略。日本に対する占領行政を行った連合国軍総司令部のこと。初代最高司令官マッカーサーが指導した。
❸治安維持法　1925年、普通選挙法と同時に労働運動や社会主義運動を弾圧するために制定された。

9 国民主権と基本的人権の尊重

1 国民主権と代表民主制

1 国民主権主義の宣言
日本国憲法の前文には、「ここに主権が国民に存することを宣言し」とある。また、次のように述べて近代民主政治の原則である国民主権の根本精神を表明している。

> 「…国政は、国民の厳粛な信託によるものであって、①その権威は国民に由来し、②その権力は国民の代表者がこれを行使し、③その福利は国民がこれを享受する」
>
> 下線部の意味
> ①国家権力の源泉は国民にある。
> ②国家権力を行使するのは国民の代表者としてである。
> ③国家権力は国民の幸福と利益を目的として使われる。

2 国民主権の具体化
①**日本国憲法の規定**…前文の冒頭で「日本国民は、正当に選挙された国会における代表者を通じて行動し」と述べ、**代表民主制(間接民主制)** を政治の基本としている。また、国民主権を反映して国会は**国権の最高機関**としている。

②**大日本帝国憲法の規定**…帝国議会は、立法権を行使する**天皇の協賛機関**にすぎなかった。貴族院は皇族・華族・勅任議員で構成され、枢密院・軍部とともに衆議院としばしば対立した。

2 国民主権と天皇制

1 象徴天皇制
日本国憲法の制定により、国民主権に基づく民主主義の政治体制が実現。大日本帝国憲法で天皇に認められていた**大権**❶事項は、とり除かれた。第1条に、「天皇は、日本国の象徴であり日本国民統合の象徴であって、この地位は、主権の存する日本国民の総意に基づく」と規定された。

2 天皇の国事行為 重要
①**国事行為**…憲法に定められた形式的・儀礼的な行為。天皇の国事行為については、**内閣の助言と承認**が必要で、その責任は内閣が負う。

②**国事行為の種類**…第6条に定められた任命権(**内閣総理大臣の任命**〔国会の指名に基づく〕、**最高裁判所長官の任命**)と、憲法改正や法律、政令の公布、国会の召集、衆議院の解散など**第7条**❷〔内閣の指名に基づく〕に列挙されたものに限られている。

> **要点** [おもな国事行為]
> ・第6条…内閣総理大臣の任命，最高裁判所長官の任命
> ・第7条…憲法改正・法律・政令・条約の公布。国会の召集，衆議院の解散

3 基本的人権の尊重

1│ 基本的人権の永久不可侵性　日本国憲法は第3章「国民の権利及び義務」において，次のように宣言している。

① **基本的人権の保障**…大日本帝国憲法の下では天皇が恩恵的に臣民（国民）に対して権利・自由を認めていた。日本国憲法では**天賦人権思想**に基づいた「人間が生まれながらにしてもつ権利」として保障している。

② **基本的人権の享有**…日本国憲法第11条は，国民が「すべての基本的人権の享有を妨げられない」こと，および基本的人権は「**侵すことのできない永久の権利**として，現在及び将来の国民に与へられる」と定めている。

2│ 人権の発達と性格の変化　基本的人権の獲得は，自由権にはじまる。やがて参政権・社会権が加えられていったが，これらは次の点で性格が異なる。

① **自由権**…国家に先だつ自然権にもとづいた人権（**国家からの自由**）。

② **参政権・社会権**…選挙権や請願権による国政への参加や，人権侵害に対する救済，国民の生存権を保障するために国家による積極的給付を求めるもの。

> **要点**
> 基本的人権 ┤
> 　生まれながらにもつ権利……固有性
> 　侵されることのない永久の権利……不可侵性
> 　すべての人が平等にもつ権利……普遍性

+α

❶ **大日本帝国憲法下の天皇大権**　天皇が単独で行使できる権限。緊急勅令・独立命令の発布，陸海軍の統帥，宣戦・講和，条約の締結，戒厳の宣告など。

❷ **日本国憲法第7条に定められた国事行為**
①憲法改正・法律・政令・条約の公布。
②国会を召集すること。
③衆議院を解散すること。
④国会議員の総選挙の施行の公示。
⑤国務大臣・官吏の任免，全権委任状，大使・公使の信任状の認証。
⑥大赦・特赦・減刑など恩赦の認証。
⑦栄典の授与。
⑧批准書その他の外交文書の認証。
⑨外国の大使・公使の接受。
⑩儀式を行うこと。

10 日本の平和主義と安全保障

1 平和主義と安全保障をめぐる問題

1│自衛隊の設置 1950年，朝鮮戦争が勃発すると，日本ではGHQの指令により**警察予備隊**が創設された。1952年，**保安隊**に改組。1954年，防衛庁が設置されて，**自衛隊**が発足。今日では世界有数の実力をもつといわれる。

2│日米安全保障条約 1951年，サンフランシスコ平和条約と同時に締結。日本と極東の安全維持のために，アメリカ軍の日本駐留と必要な日本の基地（施設・役務）の提供などを規定。1960年の改定で軍事的な結びつきを強化。

3│憲法第9条の解釈をめぐる論議 重要

①**自衛隊違憲説**…第9条1項で侵略戦争を，2項で自衛戦争をも放棄しており，自衛隊はもつが軍事力による自衛は否定されるとし，自衛隊の実力は戦力にあたるので違憲とする立場。

②**自衛隊合憲説**…第9条は無抵抗・無防備の平和主義を定めたものではなく，自衛のための必要最小限の実力は第9条にいう戦力にはあたらないから，自衛隊は認められるとする考え。現在の日本政府は，この立場。

4│裁判所の見解 砂川事件・長沼ナイキ基地訴訟・百里基地訴訟などを通じて，第9条の解釈は裁判所にもゆだねられたが，判決にも意見対立がみられた。
→自衛戦争・自衛隊に合憲判決

①**砂川事件**…	第1審判決（東京地裁）…アメリカ軍の駐留は，第9条で禁止する戦力に該当するから違憲。 →1959年 第2審判決（最高裁）…外国の軍隊は第9条にいう戦力に該当しない。安保条約は司法審査になじまない（**統治行為論**❶）。 →1959年
②**長沼ナイキ基地訴訟**	第1審判決（札幌地裁）…自衛隊は戦力にあたり違憲。 →1973年 第2審判決（札幌高裁）…統治行為論から，憲法判断せず。 →1976年 第3審判決（最高裁）…「訴えの利益なし」として，住民側の請求を却下。 →1982年

5│日本の防衛 重要

①**専守防衛**…相手から武力攻撃を受けてはじめて防衛力を行使し，自国を防衛すること。行使する武力は，自衛のための最小限度のものに限られ，先制攻撃や相手国への攻撃は行わない。

②**集団的自衛権行使の原則**…政府は，**個別的自衛権**の行使は合憲だが，**集**

団的自衛権❷の行使は違憲であるとしている。

③**シビリアン・コントロール**(**文民統制**)…軍人でない文民からなる内閣・国会が自衛隊を統制。最高指揮権は内閣総理大臣がもつ。国防に関する審議機関は、内閣の**安全保障会議**。自衛隊の出動には、事前・事後に国会の承認が必要。

④**非核三原則**…核兵器を「**もたず、つくらず、もちこませず**」の原則。しかし、アメリカ軍の日本への核の「もちこみ疑惑」がある。

⑤**その他**…武器輸出を制限した**武器輸出三原則**、防衛費の総額明示など。

2 日本の平和主義と論点

1│恒久平和主義 日本国憲法前文では、「恒久の平和を念願」し、「平和を愛する諸国民の公正と信義に信頼して、われらの安全と生存を保持」することを宣言している。これは、すべての人が「平和のうちに生存する権利」(**平和的生存権**)をもつことを意味している。

2│戦争の放棄 重要 日本国憲法は、第2章「戦争の放棄」を設け、その**第9条**で平和主義をつらぬくための具体的な方法を規定している。これは**非武装平和主義**をうたったものである。

▼第9条の規定

> ①**戦争の放棄**…日本国民は、正義と秩序を基調とする国際平和を誠実に希求し、国権の発動たる戦争と、武力による威嚇又は武力の行使は、国際紛争を解決する手段としては、永久にこれを放棄する。
>
> ②**戦力の不保持、交戦権の否認**…前項の目的を達するため、陸海空軍その他の戦力は、これを保持しない。国の交戦権は、これを認めない。

3│第9条改正論議もりあがりの背景

①北朝鮮の核保有表明や日本上空へのミサイル発射実験、②イラク戦争にともなう自衛隊派遣(2004年)、③尖閣諸島をめぐる問題などがある。

> **要点** [**日本の防衛原則**] **専守防衛**, **集団的自衛権行使の原則**, **シビリアン・コントロール**, **非核三原則**, 武器輸出三原則, 防衛費の総額明示

用語

❶**統治行為論** 高度な政治的問題は、国会や内閣および最終的には主権者である国民の判断にゆだねるべきで、裁判所の司法審査にはなじまないとする見解をいう。

❷**集団的自衛権** 自国に対する武力攻撃ではなく、互いに同盟関係にある国が武力攻撃を受けたときに武力でこれを阻止する権利。

11 憲法の最高法規性と憲法改正

1 日本国憲法の最高法規性

1 日本国憲法の3つの特色
①**自由の基礎法**…近代立憲主義の根本目的である個人の自由と権利の基礎となる法規であること。
②**制限規範性**…かつては君主、また現代では国家の権力を制限することよって①の目的に奉仕する。
③**最高法規制**…憲法に反する法律、条令、政令、規則はすべて無効となる。

2 憲法の最高法規性
憲法を国の最高法規と位置づけており、これは、裁判所の**違憲法令審査権**によって裏付けられている。
→第98条1項

2 日本国憲法の改正

1 憲法改正の方法
日本国憲法は、**硬性憲法**[1]であり、憲法の改正については、一般の法律を改正したり廃止したりする場合とは異なって、慎重な手続きを必要としている。

2 日本国憲法の改正手続き 重要
憲法第96条に規定。
①**国会の発議**…憲法改正の発議は国会が行う。憲法改正の発議には衆議院と参議院においてそれぞれ**総議員の3分の2以上の賛成**が得られなければならない。一院だけの発議や、衆議院の優越などは認められない。
②**国民の承認**…国会が発議した憲法改正の案件は国民に提案され、特別の**国民投票**または国会の定める選挙の際に行われる投票において、その**過半数の賛成**が必要とされる。
③**天皇の公布**…憲法改正について国民の承認が得られた場合には、天皇が**国民の名**において、ただちに国民に対して公布する。天皇による憲法改正の公布は国事行為に当たり、内閣の助言と承認を得て行われる。

3 憲法改正についての論議

1 憲法改正の限界
正しい手続きを経れば、どの条項でも改正できるとする考え方もあるが、現在、日本国憲法の基本原理である国民主権や基本的人権の尊重および平和主義については、改正できないとする考えが一般的である。

2章 日本国憲法の基本原理

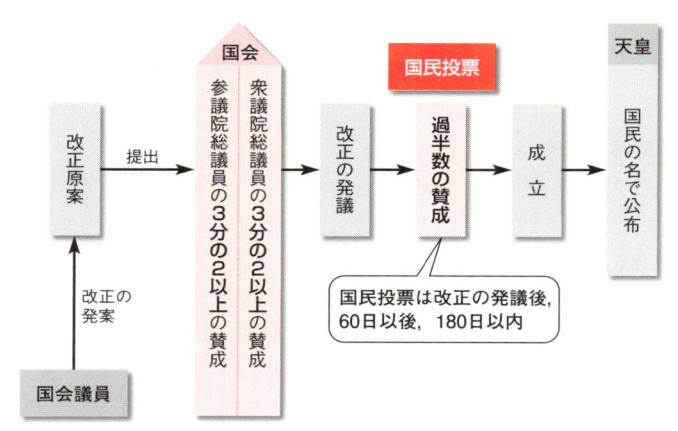

```
国会議員 → 改正の発案 → 改正原案 → 提出 → [国会] 参議院総議員の3分の2以上の賛成 → 衆議院総議員の3分の2以上の賛成 → 改正の発議 → [国民投票] 過半数の賛成 → 成立 → [天皇] 国民の名で公布
```

国民投票は改正の発議後、60日以後、180日以内

▲憲法の改正の手続き

2│憲法改正問題 1954年の自衛隊設置のころから第9条を中心に憲法改正の議論がおこり、今日まで続いている。2000年に国会の衆参両院に**憲法調査会**❷が設置される。2007年に憲法改正の具体的手続きを定めた**国民投票法**❸が成立。
　　　　　　　　　　　　　　　　　　　　　　　　　　　　　　　↳2010年施行
①**憲法改正論**…現行の憲法は、GHQによる「押しつけ憲法」であり、天皇の地位の明確化、再軍備の明記、環境権や公共の福祉の強調、首相公選制、参議院廃止なども議論し、自主的な憲法を制定すべきだとする。
②**憲法擁護論**…現行の憲法は国民の中に定着しており、改正論は、天皇制への反感、軍国主義の復活、人権否定を招く恐れがあるとしている。

> **要点** [憲法改正の手続き]
> ・発議… 各議員の<u>総議員の3分の2以上の賛成</u>による
> ・承認… <u>国民の過半数の賛成</u>を必要とする

用語

❶**硬性憲法** 慎重な改正手続きを必要とする憲法。改正が一般の法律と同じように行われる**軟性憲法**と対比される。
❷**憲法調査会** 1956年に内閣に設置された。1964年に憲法改正是非の両論をまとめた最終報告を提出して翌年廃止。2007年には国会の両院に**憲法審査会**が設置され、憲法問題が議論されている。
❸**国民投票** 投票権は18歳以上の日本国民がもつとしている。ただし、公職選挙法や民法が改正されるまでは、20歳以上の者が投票権をもつこととする。

1編 現代の政治

12 平等権・自由権

1 平等権の確立

1│ 法の下の平等[1] 日本国憲法第14条は「すべて国民は，法の下に平等であって，人種，信条，性別，社会的身分又は門地により，政治的，経済的又は社会的関係において，差別されない」と規定している（華族などの貴族の制度は禁止）。

したがって，家族生活においても，**個人の尊厳**と**両性の本質的平等**に立脚した法制が義務づけられ，夫婦は同等の権利を認められている。

2│ 現実社会の中に残る差別 法的には平等権が確立しているが，現実の日常生活においては，江戸時代の差別政策に由来する同和地区住民に対する差別，戦前の朝鮮支配にもとづく在日韓国・朝鮮民族に対する差別，あるいはアイヌの人に対する差別，女性に対する差別など，不合理な差別が根強く残る。

> **要点**
> **法の下の平等**…法の内容においても，法の適用においても国民はすべて平等に扱われる。
> →**両性の本質的平等**，**参政権の平等**などで具体化

2 自由権

人間が生まれながらにもつ自由に対して，国家権力からの干渉・制限を排除する権利（国家からの自由）。①**精神の自由**，②**身体（人身）の自由**，③**経済の自由**，に大別される。

1│ 精神の自由 重要

①**思想・良心の自由**…憲法としては例の少ない内心の自由を保障した規定であり，**信教の自由**や**学問の自由**を導く精神的自由権の原点を指す。
　↳第19条　　　　↳第20条　　↳第23条

②**信教の自由**…特定の宗教を信じ，または信じない自由や布教の自由。政治と宗教を分離する**政教分離の原則**。

③**表現の自由**…集会・結社の自由，言論・出版・芸術・報道・取材の自由など，
　↳第21条
思想・信条などを表現し，伝達する自由。**検閲の禁止**および**通信の秘密**の不可侵が保障されている。

④**学問の自由**…学問研究の自由と学問研究の成果を発表する自由。大学の自治もここに根拠をもつ。

2｜身体（人身）の自由 【重要】

①**奴隷的拘束および苦役からの自由**…人格を無視した虐待や束縛を禁止し、犯罪に因る処罰の場合を除いて、強制労働に服させられないことを保障。
　└第18条

②**法定手続きの保障**…法律の定める手続きによらなければ、処罰をうけることはないこと。罪刑法定主義の原則で、事後法の禁止や類推解釈の禁止を含む。
　└第31条

③**不法な逮捕の禁止**…現行犯を除いては、権限を有する裁判所または裁判官の発する令状がなければ、何人も逮捕してはならないこと。
　└第33条

④**不法な抑留・拘禁の禁止**…逮捕の後の抑留（一時的留置）や拘禁（継続的留置）には正当な理由の開示や、弁護人を依頼する権利が必要とされる。
　└第34条

⑤**住居の不可侵**…司法官憲の発行する令状がなければ、住居に侵入されたり、書類や物品の捜索・押収が行われることがない。
　└第35条

⑥**拷問・残虐刑の禁止**…公務員による拷問や残虐な刑罰は厳しく禁止される。
　└第36条

⑦**刑事被告人の権利の保障**…刑事被告人の公平な裁判所で**迅速な公開裁判を受ける権利**や、証人を求める権利および**弁護人**を依頼する権利を保障。
　└第37条

⑧**黙秘権**…自分に不利益な供述を強要されない。強制・拷問・脅迫による自白や、不当に長い抑留・拘禁のあとの自白は、証拠とすることができない。
　└第38条

⑨**遡及処罰の禁止**…過去の行為をあとからできた法律で処罰してはならない。
　└第39条

⑩**一事不再理**…すでに無罪とされた行為を再審理してはならない。
　└第39条

⑪**二重処罰の禁止**…同一の犯罪について別の罪によって新たに刑罰を課してはならない。
　└第39条

3｜経済の自由

①**居住・移転および職業選択の自由**…経済活動の自由は、人々が生計を得るための職業への従事やそれに伴う転職・転業、居住の決定・変更の自由を公共の福祉の枠内で認めたもの。職業選択の自由には営業の自由を含む。
　└第22条

②**財産権の不可侵**…国家といえども国民の私有財産の所有・管理・処分の権利に制限を加えてはならない。ただし、私有財産権の保障は財産の社会的効用に目的がおかれ、正当な補償の下に**公共の福祉**のために用いることができる。
　└第29条

+α

❶ **「法の下の平等」についての違憲判決例**
普通殺人よりも法定刑が重い尊属殺人の規定を違憲とした、**尊属殺人重罰規定違憲判決**（1973年）、日本国籍の父と外国人の女性との間に生まれた子どもの国籍は父母が結婚しなければ取得できないとする**国籍法の違憲判決**（2008年）、**砂川市公有地無償貸与違憲判決**（2010年）など。

13 社会権・参政権・請求権

1 社会権（社会権的基本権）

20世紀的人権ともいわれる。1919年制定のドイツ共和国憲法（**ワイマール憲法**）で初めて「人間に値する生活」の保障を国家に求める権利として登場。

1｜生存権[1] 日本国憲法第25条は，「すべて国民は，健康で文化的な最低限度の生活を営む権利を有する」と規定。また，国は，社会福祉・社会保障および公衆衛生の向上・増進に努めなければならないと義務づけている。

これは，福祉国家・社会国家の理念にたって，人間の尊厳にふさわしい生活の保障を定めたものであるが，一般に**プログラム規定**[2]と解釈され，国民各個人が直接的に具体的な生活保障を国に請求する権利ではないとの判例がある。

2｜教育を受ける権利 第26条で「すべて国民は，法律の定めるところにより，その能力に応じて，ひとしく教育を受ける権利を有する」と規定。国は，各個人の教育の機会の均等を保障する義務を負う。**義務教育の無償**。

3｜労働基本権 重要 **勤労の権利**および**労働三権**（**団結権・団体交渉権・団体行動権**）をあわせたもの。日本国憲法において明確に規定されている。
  →第27条1項　　→第28条
  　　　　　　　　　　　→争議権

①**勤労の権利**…働く能力のあるすべての国民に対して適当な就労機会をもたらし，失業の救済や雇用保険の措置などを国が行わねばならないことを示す。

②**勤労条件の基準**…法律で労働条件の基準を定め，勤労者の生活を保障。

③**児童の酷使の禁止**…労働基準法や児童福祉法で具体化されている。

④**労働三権の保障**…労使関係において不利な立場にある労働者が，使用者と対等の交渉力をもつための基本的な権利を保障したもの。

- **団結権**…労働者が労働組合を結成する権利。
- **団体交渉権**…労働者が労働条件改善のために使用者と交渉する権利。
- **団体行動権（争議権）**…交渉がうまくいかないとき，ストライキなどの団体行動を行う権利。

要点　社会権
- **生存権**…健康で文化的な最低限度の生活を営む権利
- **教育を受ける権利**…文化的生存権といわれる
- **労働基本権**…勤労の権利と労働三権

2 参政権
国民主権を実現するため、政治に参加する権利。

1│ 公務員の選定と罷免
↳第15条1項
代表民主制に欠かせない国会議員を初めとする公務員の選定・罷免は、国民の権利とされ、普通選挙が保障されている。

2│ 参政権の平等
↳第15条
選挙権・被選挙権ともに、人種、信条、性別、社会的身分、門地、教育、財産・収入などで差別されないことが保障されている。

3│ 直接民主制の制度 **重要**
憲法改正の国民投票、地方特別法の住民投票、および最高裁判所裁判官の国民審査などは、国民の直接的な参政権を示している。
↳第96条1項 ↳第95条 ↳第79条

> **要点　参政権**
> 選挙権と被選挙権が中心。他に最高裁判所裁判官の国民審査権、憲法改正の際の国民投票権など

3 請求権(受益権)
基本的人権を実際に確保するための権利。

1│ 請願権
↳第16条
…国会や地方議会、行政機関に対し、合法的・紳士的な行動によって平穏に請願ができる権利。

2│ 国家賠償請求権
↳第17条
…公務員の不法行為によって損害を受けた場合、国または公共団体に損害賠償を請求できる権利。

3│ 損失補償請求権
↳第29条3項
…社会資本の整備など、公共のために私有財産が収用された場合に、その補償を請求できる権利。

4│ 裁判を受ける権利
↳第32条
…すべての人が裁判所に訴えることができ、**公開の裁判**による救済を求める権利。

5│ 刑事補償請求権
↳第40条
…刑事裁判で、抑留または拘禁された後、無罪の裁判を受けたときは、国に補償を求めることができる権利。

> **要点　請求権**
> 請願権、国家賠償請求権、裁判を受ける権利、刑事補償請求権

+α

❶ **生存権に関する裁判　朝日訴訟**では、低い生活保護費をめぐって行われた(1967年)。この裁判が契機となり、生活保護費の基準が大幅に引き上げられた。他に、年金と児童扶養手当の併給をめぐって行われた**堀木訴訟**がある(1982年)。

❷ **プログラム規定**　具体的な救済請求権を認めたものではなく、国家に政治的・道徳的な義務を負わせ、政策目標とさせるための規定。生存権や勤労の権利の規定がこれにあたる。

14 新しい人権

1 現代社会と新しい人権

社会の発展にともない、憲法制定時には考えられていなかった、様々な人権が主張されるようになった。産業公害の深刻化から良好な環境を守るために**環境権**が主張されるようになった。また、大衆民主主義に不可欠のものとして**知る権利**が登場してきた。マス・メディアやコンピュータの発達による弊害から人権を守るために**プライバシーの権利**が主張されるようになった。

2 新しい人権

1 環境権 よりよい生活環境を求める権利。よい環境を享受する権利。

①**環境権**…幸福追求の権利と生存権という2つの側面から、健康で清浄な環境を享受する権利として主張されるようになった。1997年に**環境影響評価法（環境アセスメント法）**[1]が制定され、環境の破壊を防止する方策がとられた。しかし、最高裁判所の判例では、環境権についての判断は回避されている。

②**環境の悪化と人格権の侵害**…「大阪空港公害訴訟」で第一審と第二審の判決では、航空機の騒音や振動は精神的苦痛と生活妨害・身体被害をもたらし**人格権**[2]を侵害するという観点から、賠償と夜間飛行の差し止めを認めた。

2 知る権利 重要　国民が政府・行政機関の活動について公的な情報を知る権利。

①**政治の実態を知るために**…国民が政治について正しく判断し、行政活動を厳しく監視するためには、**情報公開**などの立法措置や**情報公開法**[3]、アクセス権の確立、あるいはマス・メディアによる報道・取材の自由の確立などが必要である。

②**報道の自由と国家機密**…「外務省公電漏えい事件」で裁判所は、報道機関による取材の自由は憲法第21条に照らして十分尊重できるとした。

3 プライバシーの権利 重要

私生活をみだりに公開されない権利。自己に関する情報を自

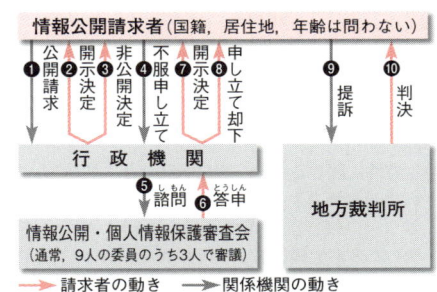

▲国の情報公開制度

ら管理する権利も含むとする見解が有力。肖像権[4]なども含まれる。

① **幸福追求に対する国民の権利**…プライバシーの権利は，通信の秘密，住居の不可侵，黙秘権などの立場から主張されることが多い。マス・メディアなどの表現の自由に対しては，個人の幸福追求の立場からプライバシー権が主張される。マス・メディアに関しては，反論したり，訂正を求めるアクセス権が主張されている。

② **表現の自由と私生活**…『宴のあと』事件[5]と『石に泳ぐ魚』事件[6]で裁判所は，憲法には個人の尊厳という理念がうたわれ，表現の自由といえども，正当な理由が認められない限り，他人の私事を公開してはならないと判決した。

③ **個人情報の保護**…2002年に実施された**住民基本台帳ネットワーク**，2003年に成立した**個人情報保護関連5法**など，現代の情報技術の発達に伴って個人情報の保護が重みを増している。

4 自己決定権 広く自己の生き方・趣味・嗜好などを自分で決めることができる権利。特に医療については，治療に関する合意である**インフォームド・コンセント**の重要性が説かれる。臓器移植，尊厳死などの課題に対し，個人の尊厳に基づく権利の1つとして注目されている。

要点 [新しい人権]

- **環境権**…よい生活環境を享受する権利
- **アクセス権**…国民がマス・メディアなどに反論できる権利
- **知る権利**…国民の行政に対する監視
- **プライバシーの権利**…個人の私生活の保護←幸福追求の権利
- **自己決定権**…自分のことは自分で決める権利

用語

❶ **環境影響評価法（環境アセスメント）** 環境に影響を与える恐れのある事業について，環境への影響を予測・評価し，環境に配慮した事業を進めるための手続き。

❷ **人格権** 個人にとって本質的な生命・身体・精神および氏名・名誉など生活に関する権利の総体。

❸ **情報公開法** 公的機関の情報公開を義務づけ，国民が情報の公開を請求できるようにしたもの。日本では1999年に成立。

❹ **肖像権** 本人の承認なしに顔や姿を写し撮られたりしない権利。

❺ **『宴のあと』事件**（1964年） 三島由紀夫の小説『宴のあと』のモデルとされた人物がプライバシー侵害として訴えた事件。

❻ **『石に泳ぐ魚』事件**（2002年） 柳美里の小説『石に泳ぐ魚』のモデルとなった女性がプライバシー侵害として訴えた事件。

15 公共の福祉と国民の義務

1 公共の福祉

1│公共の福祉の意義

①**公共の福祉**…私たちは基本的人権を平等にもっている。しかし，自分の人権を主張するあまり，他者の基本的人権を侵害してしまうことがある。このような人権相互の衝突が起きたときの調整原理が「**公共の福祉**」である。

> 【日本国憲法第13条】すべて国民は，個人として尊重される。生命，自由及び幸福追求に対する国民の権利については，公共の福祉に反しない限り，立法その他の国政の上で，最大の尊重を必要とする。

②**国家による人権制約の妥当性**…国家は個人の基本的人権を守るために様々な規制・制限を行うが，それは誰かの基本的人権を制限する。しかし，その制約を取り払うと，今度は別の誰かの人権を侵害してしまうおそれがある。公共の福祉は，そのような国家による人権制約が妥当かどうかを判断するケースで用いられる。公共の福祉は，すべての人々に対して，平等に人権を保障するための原理で，社会全体の利益のために個人の人権が犠牲になってはならない。

2│公共の福祉の人権との関係 重要

①**人権の調整原理**…自由と権利の尊重は，自分だけではなく他人の自由・権利の尊重をも含んでいる。したがって，「他人の自由・権利を侵害する自由」というものはありえず，この基本的人権に内在する一定の原理的な制約(**内在的制約根拠**)❶を「公共の福祉」という語で表現している。

②**公共の福祉により制約を受ける自由**…第12条・第13条にある「公共の福祉」の語句は，人権に対し制約を行う一般的制約根拠とされる。第22条1項，第29条2項には**経済的自由権**(居住移転及び職業選択の自由，財産権の保障)に対する制約根拠を定めた「公共の福祉」の語がある。また，公務員の基本的人権も公共の福祉によって制約されている。

ⓐ**表現の自由の制約例**…公共の場での集会，ビラ配り，デモ行進の制限。個人のプライバシー権と表現の自由の衝突など。

ⓑ**経済の自由の制約例**…災害防止目的の財産権(土地などの財産の自由な使用)の制限など。

> 【重要判例　表現の自由の制約】
>
> 　Aさんが駅構内で駅係員の承諾なしにビラを多数配り，拡声器で集会への参加をよびかける演説を繰り返し，駅員からの退去要求を無視した。
>
> 　Aさんは鉄道営業法や刑法の条項に基づいて訴えられたが，Aさんはこれらの条項は表現の自由の侵害になり，違憲であると主張した。
>
> 　裁判所側は，これに対して以下のような判旨を出した。憲法21条によって表現の自由は保障されている。しかし，表現の自由は公共の福祉のために必要かつ合理的な制限を被る。Aさんは鉄道会社の財産権や管理権を不当に侵害している。そのため違憲ではなく，Aさんへの処罰は合憲である。

3｜二重の基準❷　人権の制約が違憲かどうかを審査する基準は，その制約の目的や制約される自由によって異なる基準が使い分けられる。

①**消極目的の規制**…人権の規制が必要かつ合理的で，他の規制手段では公共の利益が実現されない場合，規制が違憲かどうか厳しく審査される。

②**積極目的の規制**…経済的弱者を保護するなどの目的で行われる規制に対しては，ゆるやかな審査基準が用いられる。

> **要点**
>
> [公共の福祉]　人権相互の衝突を調整する原理。人権に内在する制約根拠
> ・第12，13条…精神や身体の自由などに対する一般的制約根拠
> ・第22，29条…経済的自由権に対する制約根拠

2 国民の義務

憲法に定められた国民の基本的義務。次の3つがある。

1｜教育の義務　保護する子女に普通教育を受けさせる義務。
2｜勤労の義務　働く能力のある国民は，社会的に有用な労働に従事する義務。
3｜納税の義務　政治に必要な費用は国民が租税として負担する義務。

用語

❶**内在的制約根拠**　一元的内在制約説にもとづく。公共の福祉は，人権相互の衝突を調整するための制約原理であり，すべての人権に内在しているとするもの。

❷**二重の基準**　制限される自由が精神的自由の場合厳しく，経済的自由の場合ゆるやかに審査される。表現の自由などが民主主義に必要不可欠であるためである。

要点チェック

↓答えられたらマーク　　　　　　　　　　　　　　　　　わからなければ⤴

- **1** 大日本帝国憲法のように、君主が定め、それを国民に与えるという形で成立した憲法を、何というか。　p.24 **1** 2)
- **2** 1945年に、米・英・中3国の名で日本に対して無条件降伏を内容として発表された共同宣言の名称を答えよ。　p.24 **2** 1)
- **3** 日本国憲法が公布された時の年月日を答えよ。　p.24 **2** 2)
- **4** 日本国憲法の三大基本原則のうち、基本的人権の尊重とともに近代民主政治の基本原理となっているものは、何か。　p.25 **3** 2)
- **5** 日本国憲法において、天皇は、日本国および日本国民統合の（　　）とされた。空欄にあてはまる語句を答えよ。　p.25 **3** 2)
- **6** 大日本帝国憲法において、帝国議会は、天皇の（　　）機関とされた。空欄にあてはまる語句を答えよ。　p.25 **3** 3)
- **7** 天皇の国事行為には、何を必要とするか。　p.26 **2** 2)
- **8** 次のうち、天皇の国事行為にあてはまらないものは、どれか。　p.26 **2** 2)
  ア　国会を召集すること　　イ　衆議院を解散すること
  ウ　条約を承認すること　　エ　憲法改正を公布すること
- **9** 天皇は内閣の指名に基づいて、だれを任命するか。　p.26 **2** 2)
- **10** 日本国憲法第9条2項で認められていない、双務的な同盟にもとづく自衛権を、何というか。　p.28 **1** 5)
- **11** 職業軍人ではない内閣総理大臣が自衛隊の最高指揮権をもつことを、何というか。　p.29 **1** 5)
- **12** 次の日本国憲法第9条2項の条文の空欄にあてはまる語句を答えよ。　p.29 **2** 2)
  ②前項の目的を達するため、陸海空軍その他の戦力は、これを保持しない。国の（　　）は、これを認めない。

答え
1 欽定憲法　**2** ポツダム宣言　**3** 1946年11月3日　**4** 国民主権　**5** 象徴　**6** 協賛
7 内閣の助言と承認　**8** ウ　**9** 最高裁判所長官　**10** 集団的自衛権
11 シビリアン・コントロール（文民統制）　**12** 交戦権

要点チェック

- **13** 憲法改正の発議には，各議院の総議員の（　　）以上の賛成が必要となる。空欄にあてはまる語句を答えよ。　p.30
- **14** 国会が発議した憲法改正の承認には，特別の国民投票または国会の定める選挙の際に行われる投票において（　　）の賛成が必要とされる。空欄にあてはまる語句を答えよ。　p.30
- **15** 人間の尊厳を重んじ法的な差別を禁ずる政治原則とは，何か。　p.32
- **16** 特定の宗教を信じまたは信じない自由を，何というか。　p.32
- **17** 検閲の禁止は，精神の自由の中のどの自由に含まれるか。　p.32
- **18** 表現の自由は憲法第何条で保障されているか。　p.32
- **19** 現行犯でない場合に個人を逮捕する際には，裁判所の発する何を必要とするか。　p.33
- **20** 自分の意思に反して供述することを強要されない権利を，何というか。　p.33
- **21** 行為的に法律上犯罪とされていなかった行為を，あとからできた法律で処罰することを禁ずる原則は，何か。　p.33
- **22** 1919年にドイツで制定され，はじめて社会権を保障したものとして知られる憲法は，一般に何といわれるか。　p.34
- **23** 空欄にあてはまる語句を答えて，憲法第25条の規定を完成せよ。「すべて国民は，（　　）の生活を営む権利を有する。」　p.34
- **24** 労働基本権には，労働三権のほか，何があるか。　p.34
- **25** 請求権には，裁判を受ける権利，刑事補償請求権，請願権，損失補償請求権のほか，何があるか。　p.35
- **26** 情報の受け手が意見広告や反論記事の掲載をマス・メディアに対して要求する権利を，何というか。　p.36
- **27** 私生活をみだりに公開されないという新しい人権は，何か。　p.36
- **28** 個人の利益と対比される社会全体の利益を，何というか。　p.38
- **29** 日本国憲法に定められた国民の三大義務には，保護する子女に教育を受けさせる義務と勤労の義務のほか，何があるか。　p.39

答え
13 3分の2　**14** 過半数　**15** 法の下の平等　**16** 信教の自由　**17** 表現の自由
18 第21条　**19** 令状　**20** 黙秘権　**21** 遡及処罰の禁止　**22** ワイマール憲法
23 健康で文化的な最低限度　**24** 勤労の権利　**25** 国家賠償請求権　**26** アクセス権
27 プライバシーの権利　**28** 公共の福祉　**29** 納税の義務

16 日本の三権分立と国会

1 日本国憲法における権力分立制

1 日本の三権分立制 憲法では，三権分立制に基づき，**国会**に**立法権**，**内閣**に**行政権**，**裁判所**に**司法権**を与えている。これによって**権力の抑制と均衡**（チェック・アンド・バランス）を図る。

2 三権の関係 重要
- ①**国会と内閣**…イギリス型の**議院内閣制**を採用。内閣は国会に対して，連帯して責任を負う。内閣総理大臣は国会議員の中から指名され，国務大臣の過半数は国会議員から選出される。
- ②**国会と裁判所**…国会は裁判の論拠をなす法律を制定する。また，裁判官の**弾劾裁判**を行う。裁判所は国会に対して，アメリカ型の**違憲法令審査権**もつ。ドイツ型（**抽象的違憲審査制**[1]）と違って，具体的な事件の裁判があって初めて合憲性が判断できる（**付随的違憲審査制**）。
- ③**内閣と裁判所**…内閣は最高裁判所の長官を指名し，その他の裁判官を任命する。裁判所は，内閣の行政処分や政令の違憲審査を行う。

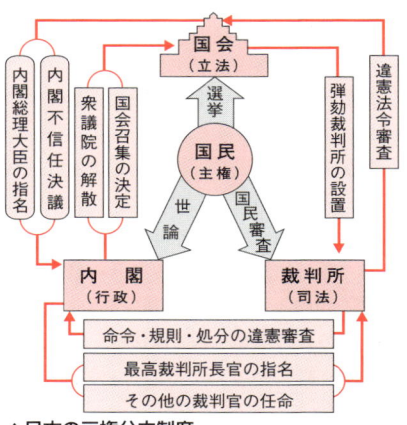

▲日本の三権分立制度

> **要点** [日本の三権分立]
> ・**国会**に**立法権**，**内閣**に**行政権**，**裁判所**に**司法権**
> ・国会と内閣の関係は，イギリス型の**議院内閣制**に立脚

2 国会の地位

1 国会の地位 重要　憲法第41条は，「**国権の最高機関**であって，**唯一の立法機関**」と規定し，国政の中心と位置づけている（**国会中心主義**）。

2 | 国会の組織

① **二院制**…**衆議院**と**参議院**の両院で構成。

② **衆議院**…定数は480人。任期は4年(但し,解散すれば任期終了)。被選挙権は満25歳以上。**解散**の制度がある。

③ **参議院**…定数は242人。任期は6年で,3年ごとに半数改選。被選挙権は満30歳以上。

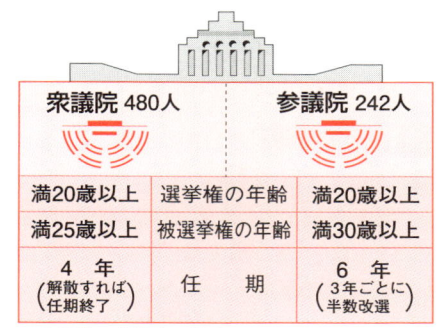

衆議院 480人		参議院 242人
満20歳以上	選挙権の年齢	満20歳以上
満25歳以上	被選挙権の年齢	満30歳以上
4年 (解散すれば 任期終了)	任　期	6年 (3年ごとに 半数改選)

▲衆議院・参議院の構成

3 | 国会の種類

国会には次の3種類がある。なお,衆議院解散中に緊急の要件があった場合に,**参議院の緊急集会**(→第54条2項・3項)が開かれることもある。

① **常会(通常国会)**…毎年1回,1月に召集される。会期は**150日**間(会期は両議院の一致の議決で延長できる)。**予算の審議**を中心に行われる。(→第52条)

② **臨時会(臨時国会)**…内閣,またはいずれかの議院の**総議員の4分の1**以上の要求によって開かれる。会期は,両議院の一致の議決で決まり,補正予算や外交その他国政上緊急に必要な事項が審議される。(→第53条)

③ **特別会(特別国会)**…衆議院の解散による総選挙の日から**30日**以内に召集される(任期満了後の総選挙のあとに召集されるのは臨時会)。**内閣総理大臣**の指名選挙が先決問題として扱われる。(→第54条1項)

> **要点** [国会の地位・組織・種類]
> ・国会…**国権の最高機関,唯一の立法機関**
> ・二院制…**衆議院**と**参議院**。
> ・国会の種類…**常会**,**臨時会**,**特別会**,参議院の緊急集会

＊2013年以降の選挙では,定数が475人になることが決まっている。

用語

❶ **抽象的違憲審査制** 具体的事件と関係なく法令や国家行為の合憲性を判断できる。

❷ **二院制** 議会が独立した2つの合議体で成り立つ制度のこと。下院は民選議員である点で各国一致し,上院には連邦型・貴族院型・参議院型などがある。

❸ **解散** 衆議院議員の資格を任期満了以前に失わせる行為。内閣と国会の意見が対立した場合,主権者である国民の判断にゆだねるために行われる。

17 国会の機能と権限

1 国会の権限

1│法律の制定 重要
→憲法第59条

①**法案提出**…国会議員,内閣,**常任委員会**,特別委員会が行うことができる(予算を除いて衆・参どちらの議院に先に提出してもよい)。

②**委員会の審議**…いずれかの議院に提出された法律案は,議長により委員会に送られる。委員会は**公聴会**を開き,有識者や関係者の意見を聞く場合もある。
→予算については必ず開く

③**本会議の審議**…委員会から送られてきた法律案を審議。本会議は各議院の総議員の3分の1以上の出席で開かれ,出席議員の過半数の賛成で可決される。
→第56条(定足数) →第56条(表決)

④**天皇による公布**…両院で可決すれば法律が成立し,広く国民に知らせる。

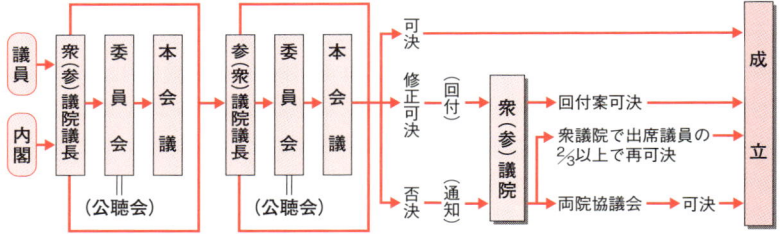

▲法律の成立過程

2│条約の承認
内閣が締結した条約に対する承認権をもつ。

3│内閣総理大臣の指名 重要
内閣総理大臣は国会議員の中から選ばれる。**両院協議会**を開いても意見が一致しないとき,または衆議院が指名の議決をしたあと,参議院が10日以内に指名の議決をしないときは衆議院の議決が国会の議決となる。
→第67条

4│内閣不信任案の提出 重要
衆議院のみの権限。不信任案を可決された場合,内閣は総辞職するか,10日以内に衆議院を解散しなければならない。
→第69条

5│国政調査権[❶]
内閣に対し,証人の出頭・証言や記録の提出を要求できる。
→第62条

6│財政に関する権限

①**財政処理の原則**…国の財政処理は,国会の議決によらなければならない。

②**予算の議決と決算の検査**…内閣が作成する予算は,国会で議決される。予算は先に衆議院に提出する(**衆議院の予算先議権**)。決算は,会計検査院の検
→第60条1項

査の後，内閣が検査報告とともに国会に提出し，国会の審査を受ける。

7 | 司法の監督　職務上の義務違反や非行のあった裁判官を，訴追委員会の申し立てで**弾劾裁判所**を設置し，罷免するか否かを決める。
↳第64条，第78条

8 | 憲法改正の発議　憲法の改正は，各議院の総議員の3分の2以上の賛成で，国会が発議する。衆議院の優越は認められない。
↳第96条

2 衆議院の優越

1 | 衆議院の優越 重要　①**法律案の議決**，②**予算の議決**，③**条約の承認**，
　　　　　　　　　　　　　　↳第59条　　　　↳第60条　　　　↳第61条
④**内閣総理大臣の指名**について認められる。（予算先議権と内閣不信任決議権を含める場合もある）
↳第67条

2 | 優越の理由　衆議院の方が参議院に比べて任期が短く，解散もあり，より正確な民意を反映できるから。

3 | 法律案の議決　両院の議決が異なるとき，衆議院が出席議員の3分の2以上で再議決すると，衆議院の議決が国会の議決となる。また参議院が衆議院の可決案を60日以内に議決しないときは，衆議院は参議院がそれを否決したとみなすことができる。

> **要点**　[衆議院の優越]　**法律案の議決，予算の議決，条約の承認，内閣総理大臣の指名**について認められる。
> →**衆議院は任期が短く，解散もあるので民意を反映しやすい**から。

3 国会議員の特権

1 | 歳費特権　国庫から国会議員に相当額の歳費（給与）が支払われる。
↳第49条

2 | 免責特権　議員は，議院内での演説・討論・表決について，院外で責任を問われない。
↳第51条

3 | 不逮捕特権　議員としての活動を保障。国会の会期中は逮捕されない。
↳第50条

+α

❶**国政調査権**　衆・参両議院が国政に関する調査を行うことのできる権利。戦後，100件近くの証人喚問が行われている。有名な例としては，ロッキード事件（1976年），リクルート事件（1989年），東京佐川急便事件（1991年），薬害エイズ事件（1996年），耐震偽装事件（2005年）など。最近では，尖閣漁船衝突事件（2010年）における海上保安庁のビデオ公開を求める際にも用いられた。

18 内閣と行政

1 内閣の組織と職務

1) 議院内閣制
日本国憲法で「行政権は，内閣に属する」と規定される。また，
　　　　　　　　　　　　　　　　　　　　└→憲法第65条
「内閣は，行政権の行使について，国会に対し連帯して責任を負う」と定めており，
└→第66条3項
内閣は国会の信任を基盤としている。

① **内閣**…**内閣総理大臣**とその他の**国務大臣**で構成される。国務大臣は**文民**で
　　　　　　└→第66条1項　　　　　　　　　　　　　　　　　　　└→第66条2項
なければならない。

② **国務大臣**…国務大臣の過半数は国会議員から選ばれなければならない。内閣
総理大臣は国務大臣を任命，罷免し，このほか，大臣を補佐する**副大臣**，**政**
└→第68条1項　　　　　　　　　　
　　└→第68条2項の任免権
務官を任命する。

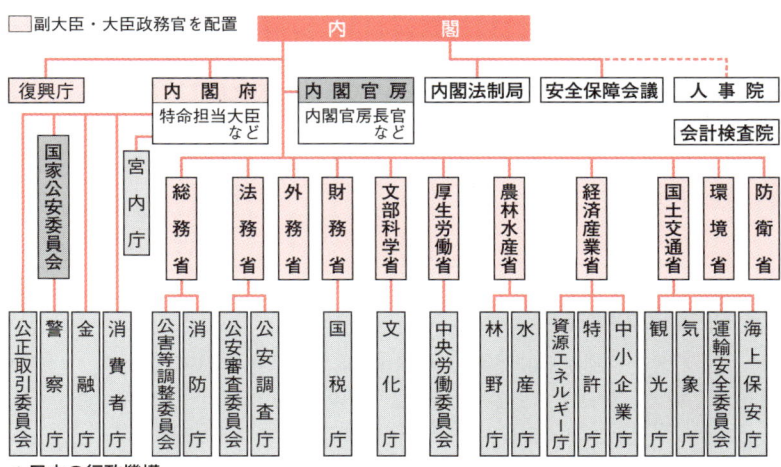

▲日本の行政機構

副大臣・大臣政務官を配置

内閣
- 復興庁
  - 国家公安委員会
    - 公正取引委員会
    - 警察庁
  - 金融庁
  - 消費者庁
- 内閣府（特命担当大臣など）
  - 宮内庁
  - 総務省
    - 公害等調整委員会
    - 消防庁
  - 法務省
    - 公安審査委員会
    - 公安調査庁
  - 外務省
  - 財務省
    - 国税庁
  - 文部科学省
    - 文化庁
  - 厚生労働省
    - 中央労働委員会
  - 農林水産省
    - 林野庁
    - 水産庁
  - 経済産業省
    - 資源エネルギー庁
    - 特許庁
    - 中小企業庁
  - 国土交通省
    - 観光庁
    - 気象庁
    - 運輸安全委員会
    - 海上保安庁
  - 環境省
  - 防衛省
- 内閣官房（内閣官房長官など）
- 内閣法制局
- 安全保障会議
- 人事院
- 会計検査院

2) 内閣と国会の関係 重要

① **衆議院の解散**…内閣が衆議院の**不信任決議**を受けた場合に，衆議院に対し
て行使されるものと，憲法第7条に基づき，不信任決議を経ずに行使されるも
　　　　　　　　　　└→69条解散　　　　　　　　　　　　　　　　└→7条解散
のとがある。解散の日から40日以内に総選挙が行われる。

② **内閣の総辞職**…衆議院で内閣不信任案が決議されると，内閣は10日以内に
衆議院が解散されない限り，総辞職しなければならない。また，解散総選挙後
　　　　　　　　　　　　　　　　　└→第69条

の**特別会**，衆議院任期満了に伴う総選挙後の**臨時会**の際，総辞職しなければ
↳第70条
ならない。

③**内閣総理大臣の指名・任命**…内閣総理大臣は国会で指名され，天皇によっ
　↳第67条1項　　　　　　　　　　　　　　　　　　　　　　　　　　　　　　↳第6条1項
て任命される。この任命は天皇の国事行為の1つ。

3│**内閣の職務（1）** 重要　日本国憲法第73条に規定される独立的権限。

①**法律の執行**。②**国務の総理**。③**外交関係の処理**。
④**条約の締結**（**締結権**。承認権は国会にある）。⑤**人事行政の事務**。
⑥**予算**の作成（衆議院に先に提出しなければならない）。⑦**政令**❶の制定。
⑧**恩赦**の決定。

4│**内閣の職務（2）**　日本国憲法第73条の規定を除くその他の権限。

①天皇の国事行為に対する助言と承認を行う。
↳第3条
②臨時会の召集を決定する。③参議院の緊急集会を求める。
④最高裁判所長官の指名。⑤最高裁判所（長官を除く）・下級裁判所裁判官の任命。
↳第6条2項　　　　　　　　　　↳第79条1項，第80条1項
⑥決算の国会提出。⑦国会および国民に対する財産状況の報告（毎年1回以上）。

> **要点**　[衆議院による内閣不信任決議後の手続き]
> ・**衆議院の解散**…解散から40日以内に**総選挙**が行われる
> ・**内閣の総辞職**…10日以内に衆議院が解散されない限り，**総辞職**

2 内閣総理大臣の地位と職務

1│**内閣総理大臣の地位**　大日本帝国憲法下では「同輩中の首席」とされ，他
の国務大臣と対等な立場であった。日本国憲法においては，内閣の首長としてそ
の権限は強化された。

2│**内閣総理大臣の職務**

①国務大臣の任命と罷免。　②内閣を代表して議案を国会に提出する。
↳第68条2項　　　　　　　　　　↳第72条
③一般国務・外交関係について国会に報告。
↳第72条
④行政各部を指揮監督する。　⑤**閣議**❷を主宰する。
↳第72条　　　　　　　　　　　　↳内閣法第4条

用語

❶**政令**　内閣の制定する命令。法律の委任に基づく政令と法律を実施するための政令がある。憲法や法律に違反するものは制定できない。

❷**閣議**　予算の作成や政策・外交方針の決定などが行われる内閣の最高意思決定機関。閣議は非公開で，全会一致による閣内統一がはかられる。

19 行政機能の民主化

1 行政機能の拡大

1) 官僚制（ビューロクラシー）❶の発達　行政官公庁の巨大化，業務の複雑化・専門化に伴ない，各分野で専門知識をもった専門技術官僚（テクノクラート）がこれを担った。

2) 行政権の優位

①**行政主導の法案作成**…日本の法律案は，議員提出の法案（**議員立法**）よりも，内閣提出の法案（**内閣立法**）のほうが多い。また，実質的には関連省庁の官僚が法案作成者となっている。

②**委任立法**の増加…法律では大枠のみを決めて，実質的・具体的な部分は内閣の政令（命令）・規則にゆだねる委任立法が増えた。

3) 行政主導の問題点 重要

①**官僚制の発達と行政権の優位**…官僚主義や専門的・技術的知識を背景とした専門技術官僚支配（テクノクラシー）の危険性。また，官僚が特定の利益団体と結んで汚職や政治腐敗を引き起こすなど，国民の政治不信を招いている。

②**族議員**…ある特定の省庁の政策・利益に精通し，政策決定において，その分野においては決定的な影響力を及ぼす議員。利益誘導型の政治を行う。また，全体の利益よりもその分野・業界の利益を優先する傾向がある。族議員主導で政策が進むと，内閣のリーダーシップが失われる。

③**天下り**への批判…天下りとは一部の公務員（官僚）が早期退職し，**特殊法人**や民間企業に再就職すること。さらに民間企業に再就職をくり返すことは「**わたり**」と呼ばれ，強い批判がある。

2 行政機関の民主化

1) 公務員制度の近代化　大日本帝国憲法下の公務員は「天皇の官吏」として天皇に対する奉仕者であったが，日本国憲法により民主的な公務員制度ができた。

①**公務員の中立性**…憲法第15条では，「公務員を選定し，及びこれを罷免することは，国民固有の権利」であり，「すべて公務員は，**全体の奉仕者**であって，一部の奉仕者ではない」と定めている。

②**公務員と基本的人権**…公務員も一般国民と同じように基本的人権が保障され

ているが，国民の公僕（こうぼく）としての立場と政治的中立・不偏不党性を確保するために，労働三権や政治活動の自由については制限されている。また，公務員の規律を正すため**国家公務員倫理法**が制定された。
↳1999年

③**人事院**…公務員についての民主的で能率的な人事行政を担当する機関。内閣からある程度独立しており，公務員の労働条件についての勧告権をもつ。

2│ 行政委員会　行政機能の拡大や複雑化に対応して設けられた合議制の行政機関。政治的中立性の確保，利害の調整，専門知識の導入，特殊な行政の担当などを目的とする。内閣からある程度の独立性を認められ，規則制定権（準立法的機能）と裁決権（準司法的機能）をもつ。

3│ 国民の行政監視　行政改革と行政の民主化には，国民の行政監視が欠かせない。そのため，情報公開法の整備，**行政監察官（オンブズマン**，オンブズパーソン）制度の導入，行政相談・苦情処理の強化などが望まれている。

4│ 行政改革の推進 重要

①**中央省庁等改革関連法**…1998年に成立。これに基づき2001年，**1府12省庁**体制に再編された。

②**副大臣・政務官**制度の導入…従来の政務次官制度を廃止して導入された。副大臣は政策全般にわたって大臣を補佐し，大臣不在の場合は，その職務を代行する。大臣政務官は特定の政策について大臣の補佐をする。

③**民営化による組織の縮小**…1980年代の三公社（JR，NTT，JT）の民営化などにはじまり，行政をスリム化しようという試みが進んだ。1996年に**独立行政法人**制度が導入された。2000年代には特殊法人の統廃合，郵政民営化，公務員数の削減なども進んだ。

④**地方分権の推進**…地方への権限移譲・財源移譲を進めてきた。

⑤**行政手続法**…1993年に成立。行政運営の公正の確保と透明性の向上をはかる。

> **要点**　[行政主導の問題点と行政改革]
> ・政（政治家）・官（官僚）・業（業界団体）**の癒着（ゆちゃく）**…**天下り**，わたり，**族議員**
> ・行政のスリム化…**1府12省庁**体制，**独立行政法人**制度，地方分権の推進

用語

❶**官僚制（ビューロクラシー）**　大規模な組織を合理的・能率的に運営するための管理体制。規則による職務権限の明確化，命令・責任系統の確立，文書による事務処理，成績主義による人事などの特色をもつ。

20 裁判所と司法権の独立

1 憲法上規定される司法権の独立

1｜司法権の独立 重要　司法権は，最高裁判所および下級裁判所に属すると規定し，司法権の独立を確立している。
　↳憲法第76条1項

①**特別裁判所❶の禁止**…司法権をすべて最高裁判所を頂点とする司法制度の内
　↳第76条2項
に収めるため，特別裁判所(特別の身分の人や事件を対象とした裁判所)の設置を禁止している。

②**裁判官の職権の独立**…「すべて裁判官は，その良心に従い独立してその職
　　　　　　　　　　　　↳第76条3項
権を行い，憲法及び法律にのみ拘束される」。

③**規則制定権**…最高裁判所は司法の内部規律や司法事務処理についての規則を
　↳第77条1項
定める権限を有する。

2｜裁判官の身分保障 重要　司法権の独立の観点から，裁判官の身分保障が定められている。**裁判官の懲戒処分❷**を行政機関が行うことはできない。裁判
　　　　　　　　　　　↳第78条
官の罷免は次の3つの場合に限られる。

①**裁判官の心身の故障**…心身の故障により職務が行えないと決定されたとき。
　↳第78条

②**弾劾裁判所**…公の弾劾により罷免されるとき。弾劾裁判所は国会の権限で国
　↳第78条
会に設置される。

③**国民審査**…国民審査により罷免を可とされるとき。この国民審査は衆議院議
　↳第79条
員総選挙と同時に実施される。最高裁判所裁判官が国民に直接審査を受ける対象となる，直接民主主義的な性格を持つ制度である。

3｜憲法の番人　最高裁判所は，一切の法律・命令・規則または処分が憲法に適合するかしないかを決定する**終審裁判所**であり，「**憲法の番人**」と呼ばれる。

4｜司法権の独立への干渉　司法権への干渉が行われた事例。裁判所や判決内容に対し圧力が加えられた。

①**大津事件**…1891年，滋賀県大津市でロシア皇太子に切りかかった巡査に対し，政府は法定外の死刑を科すよう迫った。司法は干渉を排して**罪刑法定主義**に
　　　　　　　　　　　　　　　　　　　　　　　　　　　　　　　　　　(→p.52)
則り，法定内の量刑を科した。日本の司法権独立を確立した事件といわれる。

②**浦和事件**…1949年，心中事件を起こした女性に対する判決について，国会の参議院法務委員会が国政調査権を用いて司法に干渉。当該事件での量刑が不当

に軽いと結論付けたが，最高裁はこれに抗議した。
③**平賀書簡事件**…1969年，長沼ナイキ基地訴訟において札幌地方裁判所長が申し立てを却下するよう書簡を渡した事件。司法内部の干渉事件として知られる。

2 裁判所の種類

1｜裁判所の種類　裁判所は，最高裁判所と4種の下級裁判所によって構成され，それぞれ次のような特徴をもつ。

		設置数	特　　色	裁判官数および審理形式
最高裁判所		1 東京	違憲法令審査の終審 裁判所＝憲法の番人	長官と14人の裁判官の計15人 大法廷(全員)，小法廷(3人以上)
下級裁判所	高等裁判所	8	控訴・上告審 内乱罪に関する第一審	合議制(3～5人)
	地方裁判所	50	ふつうの事件の第一審	単独裁判，特別の事件は合議制
	家庭裁判所	50	家事審判や調停と，少年事件の裁判	単独裁判が原則，特別の事件は合議制(3人)
	簡易裁判所	438	少額軽微な事件を裁判	単独裁判

2｜裁判官の任命　最高裁判所と下級裁判所では裁判官の任命の方法が異なる。
①**最高裁判所長官**…内閣の指名に基づいて天皇が任命する。
②**最高裁判所裁判官**…内閣が任命。その任命については天皇が認証する。
③**下級裁判所裁判官**…最高裁判所の指名した者の名簿によって，内閣が任命。高等裁判所長官の任免については天皇が認証。

> **要点**
> [司法権の独立] ｛すべて**司法権**は，**最高裁判所**と**下級裁判所**に属する
> 裁判官の独立…裁判官は**憲法**と**法律**にのみ拘束される｝
> [**裁判官の罷免**]
> 独立した司法の指揮権による処分，公の弾劾，国民審査による

+α

❶**特別裁判所**　通常の裁判所の組織から独立して設置される。大日本帝国憲法下では行政裁判所や皇室裁判所，軍法会議などが存在した。

❷**裁判官の懲戒処分**　裁判所法と裁判官分限法に定めがある。懲戒としての制裁は戒告と1万円以下の過料がある。また，戒告による免官は認められていない。

21 公平な裁判と人権保障

1 裁判制度

1 裁判の種類 次の3つに分けられる。

① **民事裁判**…私人間に生じる利害の衝突や紛争などを扱う。原告の訴えによって開始。訴えられた当事者は**被告**と呼ばれる。当事者同士が折り合ったり(**和解**),裁判官が関与しながら妥協(**調停**)したりする場合がある。

② **刑事裁判**…窃盗・殺人・放火・詐欺など,刑法に触れる犯罪行為に対して刑罰を要求するもの。**検察官**が**原告**となって,被疑者を**起訴**する。
　↳起訴された被疑者を被告人という

③ 行政裁判…国や地方公共団体の行政によって権利を侵害された国民が国・地方公共団体を裁判所に訴えて行われる裁判。民事裁判の一種として行われる。

2 罪刑法定主義 いかなる行為が犯罪であるか,それに対していかなる刑罰が科されるかは,事前に法律で定められていなければならない。

3 三審制 重要 同じ事案について3回まで裁判を受けることができる制度。

① **控訴**…第一審の判決を不服として,上級の裁判所に再審査を求める手続き。

② **上告**…第二審の判決の取り消しや変更をさらに上級の裁判所に求める手続き。

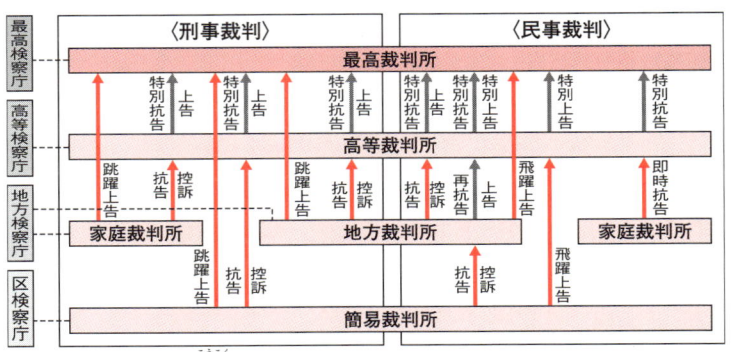

▲三審制のしくみ　＊抗告…判決以外の裁判所の決定・命令に対し,上級審に訴える手続き。

> **要点** [裁判制度]
> ・裁判の種類…**民事裁判**と**刑事裁判**。行政裁判は民事裁判の一種
> ・三審制…**控訴**,**上告**により,3回まで裁判を受けられる

2 法曹三者の役割

1│ 法曹三者 裁判官・弁護士・検察官のこと。

①**裁判官**…裁判において，検察官や弁護士の主張や立証をもとに判決を下す。

②**弁護士**…刑事裁判では被告人，民事裁判では原告・被告のための弁護を行う。

③**検察官**…刑事事件において，被害者に代わって被疑者を起訴する。

2│ 検察審査会 検察官が不起訴処分にしたものが適切であったかどうかを国民が審査・監視する機関。審査員は11人で任期は6か月である。
　　　　　　　　　　　　　　　　　　　　　　→有権者からくじで選出される。

3 裁判と人権保障

1│ 裁判手続きの原則 重要

①**裁判の公開**…裁判の**対審**・判決は，公開の法廷で行うことが原則とされる。公序良俗に反する場合は対審の非公開が認められることがある。しかし，政治犯罪や出版に関する犯罪などは対審の公開が義務づけられている。

②**刑事被告人の権利**…被告人の人権を守るため，黙秘権，証人審問権，弁護人依頼権，遡及処罰の禁止，一事不再理，刑事補償などの権利を保障。(→p.33)

③**再審制度**…冤罪を防止するため，証拠が虚偽であった場合など，重大な理由がある場合に行う。刑事事件では，被告人の利益になる場合に限られており，有罪判決を受けた者が請求できる。民事事件では不服である者が請求できる。

2│ 違憲法令審査権 重要　法律や行政の命令・規則等の内容とその適用が憲法
　　└違憲立法審査権
に適合しているかどうかを審査。すべての裁判所で行使されうる。

①**付随的違憲審査制**…アメリカ同様，日本の違憲法令審査は，具体的な訴訟を通じて行われる。具体的事例のない抽象的な違憲審査は行わない。

②**統治行為論**…高度な政治性を有する事件は司法判断を行わないとする見解。自衛隊や在日米軍，衆議院解散の合憲性が争われた事例で認められた。

3│ 司法制度改革 裁判の迅速化，欧米の**陪審制❷・参審制❸**のような国民の裁判への参加が検討され，刑事事件で**裁判員制度**が導入された。その他，**法科大学院**(ロースクール)や**法テラス**(日本司法支援センター)が設置され，2008年からは犯罪被害者や遺族が刑事裁判に参加できる**被害者参加制度**も導入された。

用語

❶**対審**　裁判官の前で行われる事件の審理や原告と被告(弁護人)との弁論のこと。

❷**陪審制**　起訴や審理に一般市民が参加する。量刑などの法律判断は裁判官が行う。

❸**参審制**　市民と裁判官が合同で審理や法律判断を行う制度。

1編 現代の政治

22 地方自治の意義と運営

1 地方自治の意義と歩み

1｜地方自治と民主政治 地方自治とは，一定の地域の住民が，その地域を自主的に統治すること。地方自治は民主主義の基礎ともいわれ，イギリスの政治学者ブライスは「地方自治は民主主義の学校」と表現した。

2｜明治以降の地方自治 明治時代に市制・町村制および府県制・郡制がしかれて地方自治制度が始まった。

①**大日本帝国憲法**…地方自治を扱う規定はなく，内閣の厳格な指揮・監督下にあり，知事も官選であった。中央官庁の末端という意味合いが強かった。
　└明治憲法

②**日本国憲法**…1947年，日本国憲法に基づき地方自治法が制定された。

3｜地方自治の本旨 重要　日本国憲法では地方自治を重視し，第8章を地方自治に充てた。その第92条に「地方公共団体の組織及び運営に関する事項は，**地方自治の本旨**に基いて，法律でこれを定める」と規定。地方自治の本旨とは，**団体自治**と**住民自治**のことを意味する。

①**団体自治**…地方公共団体が国から相対的に独立して，その地域の公共事務を自主的な意思に基づいて行うこと。中央集権に対し，分権的側面からの意義を強調。条例制定権はその表れとされる。
　└第94条

②**住民自治**…地方公共団体の運営に住民が直接的あるいは間接的に参加し，住民の意思と責任によって自治運営を行うこと。自治的側面からの意義を強調する。首長などの直接公選性や直接請求権はその表れとされる。

> **要点**　[地方自治の本旨]
> ・**団体自治**…地方公共団体の独立，地方分権
> ・**住民自治**…住民の意志と責任による地方公共団体の自治運営

2 地方自治のしくみ

1｜地方公共団体（地方自治体） 地方自治を行う単位。普通地方公共団体と特別地方公共団体がある。
　　　　　　　　　　　　　　　　　　　　└都道府県・市町村
└特別区（東京23区）や地方公共団体の組合

2｜地方公共団体のしくみ 重要　議決機関と執行機関とがある。

①**議決機関**…議会。住民の直接選挙で選ばれた議員で構成。一院制。**条例**❶の

制定・改廃，予算の決定，決算の認定などを行う。

②**執行機関**…**首長**（都道府県知事・市町村長）が単独でこれにあたり，住民の直接選挙で選ばれる。条例の執行，議案・予算の議会への提出，規則の制定などを行う。

③**執行補助機関**…都道府県では副知事，市町村では副市長村長がある。このほか，首長から独立した執行機関として各種の**行政委員会**❷がおかれる。

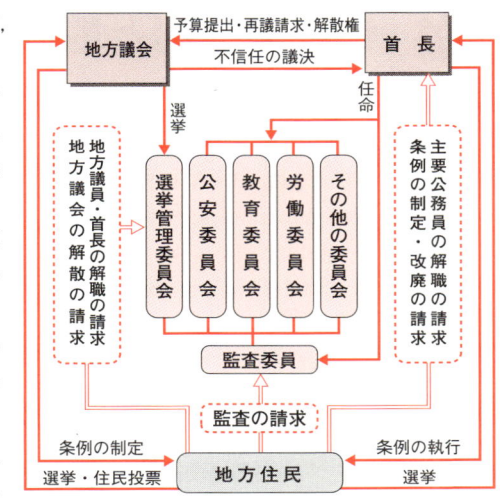

▲地方自治のしくみ

3│議会と首長の関係　首長は議会に対して拒否権をもち，首長が条例・予算に異議あるときは**再議**に付すことができる。ただし，議会が3分の2以上の多数で再議決すると，その条例や予算は議決通りに決まる。

4│不信任決議と解散　議会の首長への不信任決議権に対し，首長の議会の解散権が認められている。議会が首長への不信任決議をしたとき，首長は，10日以内に議会を解散しないとき，または解散後はじめて招集された議会で再び不信認決議を受けたときには，辞職しなければならない。

> **要点**　[議会と首長の関係]
> ・**首長**…議会に対する解散権と，議会の議決の拒否権をもつ
> ・**議会**…首長への不信任決議権と，議決の再議決権をもつ

用語

❶**条例**　地域の行政を促進するために，地方議会が法律・政令の範囲内で定めるきまり。その地方公共団体内でしか通用しないが，2年以下の懲役，10万円以下の罰金などの罰則を設けることができる。

❷**行政委員会**　複数の委員によって構成され，特定の行政権を有する合議制の行政機関。教育委員会，選挙管理委員会，公安委員会，都道府県労働委員会，農業委員会などがある。

23 住民の権利と地方自治の課題

1 住民の権利と住民運動

1 選挙権・被選挙権　その資格要件は公職選挙法に定められている。
①選挙権…地方公共団体の議会の議員や長を選挙する権利。年齢満20歳以上。
②被選挙権…議員や長に立候補する権利。地方議会議員および市町村長は年齢満25歳以上，都道府県知事は満30歳以上の者に資格がある。

2 住民の権利　重要　直接民主制の要素が多くとり入れられている。
①住民投票権…地方特別法に対する住民の投票による決定権。
②直接請求権…条例の制定・改廃の請求(住民発案，イニシアティブ)，首長・議員の解職や議会の解散の請求(住民解職，リコール)，監査の請求。
③レファレンダム(住民投票)…特別法を制定する場合，住民の直接投票に
→第95条
よって過半数の同意を得ることが必要となる。

請求の種類	必要署名数	請求先	取り扱い
条例の制定・改廃の請求	有権者の50分の1以上	首長	首長が議会にかけ，その結果を報告する。
事務の監査の請求		監査委員	監査の結果を議会・首長などに報告し，公表する。
議会の解散の請求	原則として有権者の3分の1以上	選挙管理委員会	住民投票に付し，過半数の同意があれば解散する。
議員・首長の解職の請求			住民投票に付し，過半数の同意があれば職を失う。
主要公務員*の解職の請求		首長	議会にかけ，3分の2以上の出席，その4分の3以上の同意があれば職を失う。

＊副知事，副市長村長，監査委員，選挙管理委員，公安委員会の委員など。

2 地方財政と地方分権の推進

1 三位一体の改革　地方自治体の歳入において，地方税などの自主財源は全体の30〜40％で，国からの地方交付税❶や国庫支出金❷に依存してきた(三割自治)。
→四割自治とも

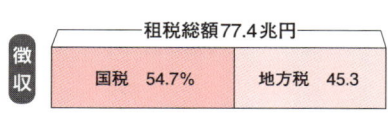

租税総額77.4兆円

徴収　国税 54.7%　地方税 45.3

支出　国税 41.3%　地方税 58.7
　　　　　国　　　　　　地方

▲国と地方の租税配分 (2013年度)

政府は、①国庫支出金の削減、②地方交付税の見直し・縮小、③国から地方への税源移譲を同時に進めた(<u>三位一体の改革</u>)。

2│地方債発効要件の緩和 地方債発行には総務大臣の許可が必要であった(許可制)が、2006年から事前協議制に移行した。

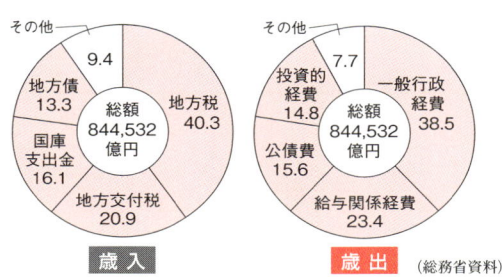

▲地方公共団体の歳入と歳出の内わけ (2013年度)

歳入 総額 844,532億円
- 地方税 40.3
- 地方交付税 20.9
- 国庫支出金 16.1
- 地方債 13.3
- その他 9.4

歳出 総額 844,532億円(総務省資料)
- 一般行政経費 38.5
- 給与関係経費 23.4
- 公債費 15.6
- 投資的経費 14.8
- その他 7.7

3│<u>地方分権一括法</u> 重要 1999年に成立し、これまで国の指揮・監督下で処理されてきた**機関委任事務**が廃止された。

①<u>自治事務の拡大</u>…国の指示を受けない**自治事務**(都市計画の決定、病院・薬局の開設許可など)と、国が実施方法まで指示できる<u>法定受託事務</u>(戸籍事務、国政選挙、旅券の交付、生活保護など)とに再編された。自治事務の割合が増え、自治体の負担は減少。

②**国地方係争処理委員会**…国からの地方自治への関与をめぐって対立が生じた場合、自治体の側から不服申し立て・審査請求ができるようになった。

4│その他の地方自治改革…地方の立て直し・地方自治の本旨の観点から、地方自治改革は大きく前進。**市町村合併**が進み、<u>道州制</u>❸移行も検討されている。

①<u>NPO法</u>…1998年。行政や企業と連携して事業を行うNPOを支援。

②<u>構造改革特区法</u>…2002年。一定分野の規制緩和により地域の活性化を図る。

③**地方分権改革推進法**…2006年。地方分権改革をさらに進める。

> **要点 [地方分権の推進]**
> ・<u>三位一体の改革</u> ・<u>地方分権一括法</u> ・**市町村合併**の推進
> ・<u>道州制</u>の検討 ・<u>構造改革特区法</u>

用語

❶**地方交付税** 地方公共団体間の財政力の不均衡を調整し、適正な行政基準を維持できるように、国税の一部を財政力に応じて地方公共団体に交付される。使途は自由に決定できる。

❷**国庫支出金** 国が、その使途を指定して地方公共団体に給付する行政資金。

❸**道州制** 現在の都道府県よりも広域な「道」や「州」を設置し、国の権限を大幅に移譲しようとする制度。

要点チェック

↓答えられたらマーク　　　　　　　　　　　　　　　　　　　　　わからなければ ⤴

- [ ] **1** 国会の権限は，立法権・司法権・行政権のうち，どれか。　p.42
- [ ] **2** 国会についての日本国憲法第41条の条文を完成させよ。　p.42
「国会は，国権の（　　　）であって，国の唯一の立法機関である。」
- [ ] **3** 解散の制度があるのは，衆議院と参議院のどちらか。　p.43
- [ ] **4** 毎年1回，1月に召集される国会を，何というか。　p.43
- [ ] **5** 衆議院の解散による総選挙の日から30日以内に召集される国会を，何というか。　p.43
- [ ] **6** 次のア～エを正しく並べて，法律の制定過程を示せ。　p.44
　ア　委員会での審議　　　イ　議員や内閣などによる法案提出
　ウ　天皇の公布　　　　　エ　本会議における審議
- [ ] **7** 内閣総理大臣の指名において，参議院は，衆議院が指名の議決をしたあと，何日以内に議決しなければならないか。　p.44
- [ ] **8** 次のうち，衆議院の優越が認められないものを3つ選べ。　p.45
　ア　法律案の議決　　　イ　予算の議決　　　ウ　条約の承認
　エ　憲法改正の発議　　オ　国政調査権　　　カ　弾劾裁判
　キ　内閣総理大臣の指名
- [ ] **9** 国会議員の言論の自由を保障するために，院内での演説・討論等についてその責任を免ずる特権を，何というか。　p.45
- [ ] **10** 国会の会期中に，国会議員が逮捕されないのは，何という特権によるか。　p.45
- [ ] **11** 次のうち，国務大臣の資格として正しいものを1つ選べ。　p.46
　ア　衆議院議員であること　　　イ　文民であること
　ウ　与党議員であること　　　　エ　参議院議員であること
- [ ] **12** 内閣が国会に連帯責任を負う政治制度を，何というか。　p.46

答え

1 立法権　**2** 最高機関　**3** 衆議院　**4** 常会(通常国会)　**5** 特別会(特別国会)
6 イ→ア→エ→ウ　**7** 10日以内　**8** エ・オ・カ　**9** 免責特権　**10** 不逮捕特権
11 イ　**12** 議院内閣制

要点チェック

- [ ] **13** 内閣は，内閣総理大臣と何からなる合議体か。　p.46
- [ ] **14** 法律で大枠だけを決めておき，法律の実施に必要な細かい部分は，内閣がつくる政令などに任せることを，何というか。　p.48
- [ ] **15** 国家公安委員会や公害等調整委員会など，政治的中立性の確保，利害の調整，専門知識を必要とする分野に設けられ，内閣からある程度独立して活動する合議制の行政機関は何か。　p.49
- [ ] **16** 次の①〜③から，「司法権の独立」に当たるものを1つ選べ。　p.50
  ①裁判所は，最高裁判所と下級裁判所のみによって成り立つ。
  ②最高裁判所の長官は，内閣の指名により天皇が任命する。
  ③最高裁判所は，法律・命令・規則または処分が憲法に適合するかしないかを決定する終審裁判所である。
- [ ] **17** 少額軽微な事件を最初に扱う裁判所の名称を答えよ。　p.51
- [ ] **18** 検察官が原告となって容疑者を起訴する裁判は，何か。　p.52
- [ ] **19** 第一審の判決に不服のとき，上級の裁判所に再審査を求める手続きを，何というか。　p.52
- [ ] **20** 一切の法律，命令，規則，処分が憲法に違反していないかを判断する裁判所の権限を，何というか。　p.53
- [ ] **21** ブライスが地方自治について，何と表現したか。　p.54
- [ ] **22** 地方自治の本旨といわれるものには2つの原則があるが，団体自治と，もう1つは，何か。　p.54
- [ ] **23** 地方議会で決めるその地方だけに通用するきまりは，何か。　p.55
- [ ] **24** 地方住民の直接請求権の中で，イニシアティブの表れと考えられるものを答えよ。　p.56
- [ ] **25** 次のうち，地方公共団体の自主財源と呼ばれるものはどれか。　p.56
  ア　所得税　　イ　地方交付税
  ウ　地方税　　エ　国庫支出金
- [ ] **26** 1999年に成立した地方分権を進めるための法律は，何か。　p.57
- [ ] **27** 地方公共団体の自治事務とならぶもう1つの事務のことを，何というか。　p.57

答え

13 国務大臣　**14** 委任立法　**15** 行政委員会　**16** ①　**17** 簡易裁判所　**18** 刑事裁判
19 控訴　**20** 違憲法令(立法)審査権　**21** 地方自治は民主主義の学校　**22** 住民自治
23 条例　**24** 条例の制定・改廃の請求　**25** ウ　**26** 地方分権一括法　**27** 法定受託事務

24 政党と政党政治

1 政党

1｜政党 政権獲得を目標とする政治集団。

①**政党の発生**…イギリスで17世紀後半に誕生した**トーリー党**と**ホイッグ党**が議会政治における最初の政党とされる。**制限選挙**下での**名望家政党**(院内政党)であった。→地域の有力者による政党 選挙制度の民主化、**普通選挙**のはじまりに伴い、名望家政党から**大衆政党**(組織政党)へ発展。
→一般大衆による政党
②**政党**…イギリスの**バーク**は、「ある特定の主義または原則において一致している人々が、その主義または原則に基づいて国民的利益を増進すべく協力するために結成した団体」と定義した。政党をはじめて公党と認めた点で重要。

2｜政党による政治活動 重要 政党は、他の社会集団と異なり、政党の公約や基本方針を掲げた**綱領**をもつ。選挙の際に掲げられる選挙公約や政権公約をまとめたものは**マニフェスト**[1]という。政党は、国民の代表機関である議会を通して政策立案を行い、特定の主義・主張・政策の実現を図る。

3｜政党の役割 政党は政治と世論の連結機と表現される。また、多様な意見を反映するチャンネルとも呼ばれる。政権を担当している政党を**与党**、政権を担当しない政党を**野党**という。

2 圧力団体

1｜圧力団体 重要 **利益団体**(**利益集団**)とも呼ばれる。集団の特殊利益の実現を目指す集団で、議会や政府に働きかける。正常な議会の審議をさまたげることもある。アメリカでは、19世紀末から20世紀初めにかけて台頭してきた。

2｜ロビイスト アメリカでの圧力団体の代理人。議会室外の広間(ロビー)で活動することからこう呼ばれる。

3｜族議員 特殊利益を実現するための代弁者として、一部の業界等と強く結び(→p.63)つき、政策に影響を与える。特定企業との癒着がおこり問題となる場合がある。

> **要点 [政党と圧力団体]**
> ・**政党**…政権獲得を目標とする政治集団
> ・**圧力団体**…特殊利益の実現をめざして政治的に働きかける利益集団

3 政党政治の類型

	特徴	代表的な国家や政治形態など
二大政党制	・**単独政権**になりやすい。 ・政局が安定しやすい。 ・政策上の争点や責任の所在が明確。 ・少数者の意見が反映されにくい。	イギリス：保守党と労働党 アメリカ：共和党と民主党
多党制	・**連立政権**になりやすい。 ・政局が不安定になりやすい。 ・国民の多様な意見を反映させやすい。 ・少数政党が政治の主導権(**キャスティング・ボート**❷)を握ることもある。	フランス，ドイツ，日本など。**一党優位体制**❸や，実質的には一党制となる**開発独裁**❹なども含まれる。
一党制	・独裁となり，世論は無視され，政策が硬直化する。 ・政治腐敗が起こりやすい。	社会主義国。キューバなど。

> **要点** [政党政治]
> ・**二大政党制**…(長所)単独政権となり，政権が安定しやすい
> 　　　　　　　(短所)少数者の意見が反映されにくい
> ・**多党制**…(長所)国民の多様な意見を反映させやすい
> 　　　　　(短所)連立政権となり，政局が不安定になりやすい
> ・**一党制**…(長所)政権が安定しやすい
> 　　　　　(短所)政策の硬直化や独裁を招く

用語

❶**マニフェスト** 国政選挙(衆議院議員選挙・参議院議員選挙)では政党が，地方選挙(地方公共団体の長や議員を選出する選挙)では候補者が，政権獲得後に実施する政策について，具体的に有権者に提示した文書。

❷**キャスティング・ボート** 本来は議会で多数決が拮抗した場合に，どちらかに決定する議長の権限のことをいう。転じて，議会における政党の勢力争いで，少数議席の政党がどちらの陣営につくかで政局を左右する状態を「キャスティング・ボートを握る」と表現する。

❸**一党優位体制** 多党制や自由選挙があるにもかかわらず，特定の政党が政権を握り続ける体制のこと。日本の自民党政権が代表例。

❹**開発独裁** 経済発展の途上にある国の政府が，独裁を正当化して国民の政治参加を制限しつつ，急速な経済発展と近代化を目指す体制のこと。

25 日本の政党政治

1 戦後の政党政治

1| 多党分立の時代 第二次世界大戦後の民主化政策により、政治活動の自由が認められ、政党の再発足や新党の**離合集散**が1948年ごろまで続いた。

2| 55年体制と保守政権の時代 重要　1955年に左右に分裂していた**日本社会党**が再統一し、これに対抗して保守勢力が合同して**自由民主党**(自民党)が成立。この体制は**55年体制**と呼ばれた。実際には社会党は自民党の半数の議席しかなく**1と2分の1政党制**といわれ、自民党による長期政権が続いた。

3| 多党化の時代 野党を中心にして新政党が生まれた。1960年、社会党から**民主社会党**(民社党)が分立。また1964年、**公明党**が成立。1976年、**新自由クラブ**が自民党から分立した。1983年に新自由クラブは中曽根内閣の下で自民党と連立し、1986年には自民党に再合流した。

4| 55年体制の崩壊 ロッキード事件、リクルート事件、佐川急便事件など、↳1976年　↳1989年　↳1991年
金権汚職事件が発生して、政治腐敗が大きな問題となり、**政治改革**の動きの中で保守系の新政党が相次いで結成された。1993年、保守合同以来38年ぶりに政権が交代し、非自民・非共産の**連立政権**による細川内閣が誕生した。

5| 自社連合から自公連立へ 1994年、**村山内閣**が誕生。自民、社会、新党さきがけによる連立政権であった。その後、1998年に自民党は社会党、さきがけとの連立解消。1999年に**自公連立政権**(この時点では自民党、公明党、保守党の自公保連立政権)に移行した。

6| 小泉内閣と構造改革 2001年、自公連立で第1次小泉内閣が誕生し、高支持率を背景に市場原理を重視した**構造改革**と呼ばれる一連の改革に着手。第2次小泉内閣は2005年、衆議院選挙で大勝し、郵政民営化を推進した。小泉政権は戦後歴代3位の長期政権となり、その後も安倍・福田・麻生内閣と続いた。
↳自公連立も継続

7| 民主党政権 2009年、衆議院総選挙で**民主党**が第一党となり、政権交代が実現して、鳩山内閣が誕生した。しかし、民主党政権は普天間基地移設問題などで支持率を失い、2010年の参院選で惨敗した。このため衆議院では与党の自民党が、参議院では野党が多数となる**ねじれ国会**と呼ばれる状況となった。鳩山内閣の後の菅・野田内閣も東日本大震災や原発問題などで批判を浴びた。

4章 日本の政治の現状と課題

[8] **第2次安倍政権** 2012年12月の衆議院議員選挙で民主党は大敗し，自公連立の第2次安倍政権が誕生した。

2 日本の政党政治の課題

[1] **組織基盤の弱さ** 日本の政党は，国民の中にしめる党員数の割合が低く，国民全体の利益を代表することを標榜する**国民政党**としての性格が乏しい。また政党は，党全体では圧力団体や財界，宗教団体，労働組合などによる**組織票・政治資金**に依存している。改革の妨げとなり，政党がしばしば迷走する原因となる。

[2] **派閥の形成** 保守政党も革新政党も，政策論争やイデオロギーの対立，あるいは資金源の違いで派閥がつくられており，政策よりも派閥間の力関係・利益を優先させる傾向が強い。こうした傾向は**派閥の論理**と俗称されることがある。

[3] **族議員の誕生** 官庁と圧力団体・業界との間に立って利益調整を行う族議員 (→p.60) が大きな力を持つようになった。道路族・建設族・農林族などと呼ばれる。

[4] **政治資金の収支の明確化** 重要　政党は，圧力団体や個人から寄付や献金を得て政治活動を行うことが多く，政治腐敗に結びつくことがある。このため，**政治資金規正法**❶により公正な資金調達を確立し，健全な政党活動の確保をめざしている。1994年成立の**政党助成法**によって，**政党交付金**として公費で政党活動を助成することになった。

[5] **党議拘束** 議会での採決に際し，所属政党の方針に従って投票するように議員を拘束する。議員の自由な発言や議論が疎外されているという批判がある。

[6] **無党派層の増加** 政治不信から，無党派層が激増。政治的無関心とは違い， (→p.69) 政治に関心はあるが決まった支持政党をもたない。無党派層の投票動向は選挙の行方を大きく左右する。国民の信頼を回復させるための努力が求められている。

> **要点** [政党政治の課題]
> ・**派閥**の形成…政策よりも派閥の利益を優先させることが多い
> ・**族議員**…特定の官庁や業界との癒着
> ・**無党派層**の増加…政治不信が原因→国民の信頼を回復させる努力が必要

用語

❶**政治資金規正法** 1948年，政治資金の公正化を図ることを目的に制定。政治資金の収支報告を義務づけ，政治献金額を規制したりして，企業・団体との癒着や政治腐敗を排除しようとするもの。政治家個人への企業・団体の献金は禁止。

26 選挙制度と選挙区制

1 選挙制度の基本原則

1 **普通選挙** 人種・信条・性別・社会的身分・門地・財産および収入で有権者の資格を制限せず，成年者すべてに選挙権を与える選挙。
→制限したものを制限選挙という。

2 **平等選挙** 選挙人の社会的身分や財産・納税額などで票の価値を差別せず，1票の価値の平等を保障する制度。

3 **直接選挙** 選挙人が候補者に対して直接投票を行う制度。アメリカ大統領選挙に見られる**間接選挙**に対比される。

4 **秘密選挙** 選挙人が無記名投票を行うこと。投票の自由を保障。

2 小選挙区制と大選挙区制

1 **小選挙区制**…各1つの選挙区から1人の候補者が当選する制度。
2 **大選挙区制**…1つの選挙区から複数の候補者が当選する制度。

小 選 挙 区 制		大 選 挙 区 制
①二大政党制による政権の安定が得られる。 ②議員と選挙民との関係が密接になる。 ③選挙費用が比較的少額ですむ。 ④候補者の乱立を防止し，選挙の取り締まりが徹底しやすい。	長所	①小選挙区制よりも死票が少ない。 ②少数派でも代表を送ることが可能。 ③国民の意思が議会に公平に反映される。 ④国民の代表として有能な人物を選出できる。
①**死票**[1]が多く生じる。 ②ゲリマンダー[2]の危険性が大きい。 ③選挙干渉，買収などの不正が行われやすい。 ④少数党の進出をはばみ，全国民の代表者としての適格性を備えない地方的ボスが当選しやすい。	短所	①小党分立の傾向を強め，政局の不安定化を招きやすい。 ②選挙区が広いため多額の選挙費用が必要。 ③同一政党に属する候補者間の同士打ちを招きやすい。 ④補欠選挙などが行いにくい。

日本では，かつて(1993年まで)の衆議院議員選挙で，1選挙区から3～5名を選出する**中選挙区制**を採用していた。これは，大選挙区の一種で，その長所・短所の傾向も大選挙区制のものにあてはまるが，極端な小党分立になることはなかった。

3 比例代表制

1 比例代表制 重要
各政党の総得票数に応じて，議席数を比例配分する制度。死票が少なく，少数党でも当選者を送り出すことができる。政党本位の選挙のため，無所属議員は存在が不可能。また，小党分立となって政局が不安定になりやすいなどの欠点をもつ。

2 議席配分の方法 重要
現在，衆議院選挙と参議院選挙の一部で比例代表制が導入されている。**ドント式**（各政党の得票数を整数で割り，商の大きいほうから議席を与える方法）によって，得票数に応じて議席が配分される。

[ドント式による議席の配分]
①ある選挙区内で10議席を争う場合
(得票数)

A党	B党	C党	D党
5000	3000	1500	800

②各政党の得票数をそれぞれ整数で順に割る

	1	2	3	4	5
A党	①5000	③2500	④1666	⑦1250	⑧1000
B党	②3000	⑤1500	⑧1000	750	600
C党	⑤1500	750	500	375	300
D党	⑩800	400	267	200	160

この中から商の大きい順に定数（表⑩まで）まで議席を配分する。したがって，A党は5議席，B党は3議席，C党とD党は1議席が得られる。

③復活当選…衆議院議員選挙の比例代表制では**重複立候補**(→p.66)が可能であるため，たとえば，B党の名簿2番目の候補が小選挙区で当選したとすると，比例代表の名簿から除外され，B党の名簿3番目の候補が2番目に繰り上がり，当選する。

> **要点 [選挙制度]**
> - **小選挙区制**…政権が安定。死票が多く，民意を反映しにくい
> - **大選挙区制**
> - **比例代表制** ｝死票が少なく，民意を反映しやすい。政権が不安定化

用語

❶死票 落選者に投票された票のこと。選挙人の意思が政治に反映されない結果となる。

❷ゲリマンダー 選挙において特定の政党や候補者に有利になるように，選挙区を不自然に設定すること。

27 日本の選挙制度

1 普通選挙制度の確立

1｜選挙権の拡大

選挙法の公布・改正の年	有権者の資格	人口に対する割合
1889年衆議院議員選挙法公布	直接国税15円以上を納める25歳以上の男子	1.1%
1900年同法改正	直接国税10円以上を納める25歳以上の男子	2.2%
1919年同法改正	直接国税3円以上を納める25歳以上の男子	5.5%
1925年同法改正	25歳以上の男子(納税条件の撤廃)	20.0%
1945年同法改正	20歳以上の男子および女子	48.7%
1950年公職選挙法公布	20歳以上の男子および女子	54.5%

2｜現行の選挙制度　公職選挙法に選挙の原則や運営方法が示されている。

①**公職選挙法**…1950年に制定。選挙権,被選挙権,選挙区,投票方法,選挙運動,選挙管理などを定めた公職の選挙に関する総合的な基本法。

②**選挙権**…満20歳以上のすべての男女。

③**被選挙権** ｛衆議院議員,地方議会議員,市町村長→満25歳以上。
参議院議員,都道府県知事→満30歳以上。

④**選挙事務の管理**…**選挙管理委員会**(→行政委員会)が担当している。

・**中央選挙管理会**…比例代表制議員の選挙,最高裁裁判官の国民審査を扱う。

・**都道府県選挙管理委員会**…衆議院小選挙区・参議院選挙区,地方議会の議員,都道府県知事の選挙。

・**市町村選挙管理委員会**…市町村長と地方議会議員の選挙を扱う。

⑤**投票の方法**…公職選挙法によると,直接選挙制,投票用紙の公給制,本人出頭制,投票自書制,一人一票制,**単記投票制❶**,無記名制が規定されている。ただし,例外的に**不在者投票**や代理投票,点字投票が認められている。

3｜衆議院議員選挙制度の改正 重要　1994年に中選挙区制をやめて,**小選挙区比例代表並立制**がとり入れられた。これは,全国を300の小選挙区と**拘束名簿式**の11のブロックから180人を選出する比例代表区に分けて選挙を行うもので,これにより,候補者は小選挙区と比例代表区に**重複立候補**(→p.65)できるようになった。(2013年以降の選挙では,小選挙区の定数は295人となる)

4 参議院議員選挙制度の改正 重要
2000年の公職選挙法の改正により、現在は都道府県を単位に146人を選出する選挙区選出制と全国を単位として96人を選出する**非拘束名簿式比例代表制**の並立となった。非拘束名簿式では有権者は、各政党の立候補者個人名または政党名を記入して投票する。その合計が各政党の得票数として議席が配分され、個人名の得票が多い順に当選となる。

> **要点　[日本の選挙制度]**
> ・衆議院…**小選挙区比例代表制**（拘束名簿、重複立候補可）
> ・参議院…**選挙区・比例代表**（非拘束名簿、重複立候補不可）

2 日本の選挙の課題

1 議員定数不均衡
選挙区によって、議員1人あたりの有権者数が大きく異なるため、選挙区ごとの**一票の格差**（→投票価値の不平等）が問題となっている。これまでは、最高裁は衆議院議員選挙で3倍、参議院議員選挙で6倍の格差を「違憲」と判断してきた。

①**衆議院議員選挙の一票の格差**…2011年3月、最高裁で衆議院議員選挙の最大**2.30倍**の格差は「**違憲状態**❷」（早急な立法措置を求める）と判断した。

②**参議院議員選挙の一票の格差**…最高裁は2012年10月、5.00倍の格差は「**違憲状態**」と判断した。

2 選挙活動の規制の問題
①**連座制**❸…候補者と特定の関係にある者が選挙違反をした場合、候補者自身が関与しなくても当選を無効にする制度。候補者は選挙協力者に責任をおしつけ、公職選挙法違反の疑いがありながら当選する状況が背景にあった。

②**戸別訪問**…各家庭を訪問して投票を依頼すること。日本では買収が心配され、禁止。表現の自由の観点から戸別訪問の禁止条件を緩和すべきという意見もある。

3 投票率の低下
長期的には国民の政党離れ、政治不信で低下傾向にある。

4 制度の改革
選挙権年齢18歳への引き下げ、永住外国人の参政権などが議論の対象となる。また、2013年7月の参院選から、ネット（→インターネット）での選挙活動が解禁された。

用語

❶**単記投票制**　選挙人は、投票用紙に候補者1名の氏名を記載する。2名以上の氏名を記載したものは無効となる。

❷**違憲状態**　早急な立法措置を求め、格差を是正する合理的な期間を経過した場合には違憲であるという判決。

❸**連座制**　選挙運動の統括責任者や出納責任者などが買収などの犯罪により刑に処せられた場合、当選は無効となる。また、その選挙区で5年間は立候補できない。

28 民主政治と世論

1 世論とマス・メディア

1) 世論 公共の問題に対して人々がもつ意見のこと。選挙制度を補完するものとして世論のほかに、デモ、請願、陳情などがある。

2) マス・メディア 重要 新聞、テレビなど、一度に膨大な受け手に対して情報を発信できる媒体のこと。マス・メディアを通じた情報の伝達を**マスコミ(マス・コミュニケーション)**という。マスコミは、報道や宣伝・広告、文化の大衆化や教育、娯楽の提供、世論の形成など、様々な機能を果たしている。

①**第四の権力**…マス・メディアは、立法・行政・司法を監視する「**第四の権力**」と呼ばれる。今日、マス・メディアが政治・社会全般に与える影響は巨大であり、同時に**世論操作**の危険も指摘される。

②**アナウンス効果**…報道や予測が現実に影響を与えること。株式相場や選挙結果にはこの効果が働いているといわれる(アナウンス効果の例:勝ち馬に乗る「バンドワゴン効果」、負けている人を応援する「アンダードッグ効果」)。
  ↳アナウンスメント効果

3) メディア・リテラシー 重要 「リテラシー」は、読み書きの能力の意味。

①**メディア・リテラシー**…情報の正否や報道の意図をつかむなど、個人の側に求められる、情報を評価・識別し、活用する能力のこと。メディアを単に「使いこなす」だけでなく、メディアから独立した主体的な視点をもつなどの幅広い意味合いがある。

②**ネット・リテラシー**❶…インターネットを正しく利用することができる能力のこと。2013年7月の参院選から、インターネットを利用した選挙活動が解禁されたことなどから、インターネットと政治の結びつきはさらに強まり、さらに情報の判別が難しい状況が生まれると予測される。

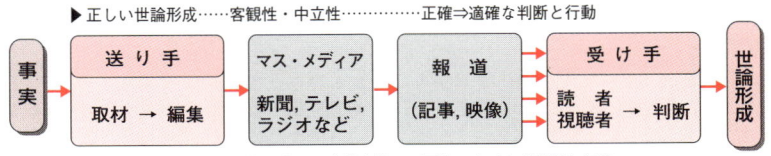

▶正しい世論形成……客観性・中立性……………正確⇒適確な判断と行動

事実 → 送り手(取材→編集) → マス・メディア(新聞,テレビ,ラジオなど) → 報道(記事,映像) → 受け手(読者 視聴者→判断) → 世論形成

▶意図的世論形成……政治的意図,商業主義……歪曲⇒ゆがんだ判断と行動

▲マス・メディアによる世論形成の過程

4章 日本の政治の現状と課題

> **要点** [世論とマス・メディア]
> ・世論…公共の問題に対して多くの人々がもつ意見
> ・マス・メディア…世論形成に大きな役割を果たす
> ・メディア・リテラシー…マス・メディアの報道を評価・識別し，活用する能力

2 政治的無関心と無党派層

1│政治的無関心　政治意識の多様化や価値観の複雑化によって，**投票率の低下**や**政治離れ**が増加している。このため，国民による政治へのチェックが甘くなり，民主主義的な政治が行われない危険が生じている。

2│政治的無関心のタイプ　次の2つに大別される。
①伝統型無関心…政治に対する無知や権威に対する盲従から生じる無関心。
②現代型無関心…大衆社会において，個人の関心の多様化や娯楽，マイホーム主義などのために政治に対して著しく消極的で受動的になっている無関心。

3│現代型無関心のタイプ　アメリカの政治学者**ラスウェル**は，現代型の政治的無関心のタイプを次の3つに分類した。
①無政治的態度…政治についての関心や一般的知識が乏しく，政治は自分以外のだれかが行う仕事だと考える。政治的無関心の一番多いタイプ。
②脱政治的態度…政治や政治家に強い幻滅や絶望感を抱き，政治との関わりを積極的に避ける。選挙に際しても，だれが当選しても同じとして棄権する。
③反政治的態度…自分の考える政治的価値や宗教的価値観と政治的権力とは相入れないとして，政治家・政党・官僚などに対し積極的な反発・非難や存在価値の否定などを行うタイプ。個人的無政府主義者に多くみられる。

4│無党派層の増加（→p.63）　日本では有権者と政党との結びつきが希薄である。さらに政党の度重なる公約違反や腐敗，離合集散などにより，政党への反感・不信感が増加している。このため，政治に関心をもちながらも特定の政党を支持しない層が高い割合を占めるようになって，選挙結果を左右する力をもつようになった。

用語

❶**ネット・リテラシー**　具体的には，インターネットを利用して自分が欲する情報を入手できる能力，また，その情報が正しいかどうかの判断ができる能力や，ネット絡みのトラブルに巻き込まれないための自衛能力などが挙げられる。

要点チェック

↓答えられたらマーク　　　　　　　　　　　　　　　　　　　わからなければ ↻

- [ ] **1** 17世紀後半のイギリスで誕生した地域の少数の有力者によって結成された初期の政党を，何というか。　p.60 **1** 1)
- [ ] **2** 政党の基本方針・政策を示したものを何というか。　p.60 **1** 2)
- [ ] **3** 職能や利益を共有する人たちがつくる，議会や政府に圧力をかける集団のことを，何というか。　p.60 **2** 1)
- [ ] **4** 連立政権となって政局不安を招きやすい政党政治の形態を，何というか。　p.61 **3** 1)
- [ ] **5** 1955年に成立した日本の政党政治の体制を，何というか。　p.62 **1** 2)
- [ ] **6** 衆議院で政権与党が過半数の議席をもつ一方で，参議院で野党が過半数の議席を持つ国会を，何と呼んだか。　p.62 **1** 7)
- [ ] **7** 日本の政党政治の問題点として，特定の官庁や業界などと結びついた議員の存在があげられることがあるが，これらの議員を，何というか。　p.63 **2** 3)
- [ ] **8** 金権政治脱却のために，1994年に成立した，公費で政党活動を助成する法律を，何というか。　p.63 **2** 4)
- [ ] **9** 政治献金の収支を明瞭にすることを目的とした法律は，何か。　p.63 **2** 4)
- [ ] **10** 成年者すべてに選挙権を与える選挙制度を，何というか。　p.64 **1** 1)
- [ ] **11** 次の中で，小選挙区制に関連のある説明は，どれか。　p.64 **2**
   - ア 少数派にも議席獲得の可能性が大きくなる。
   - イ 死票が多く生じ，ゲリマンダーの危険がある。
   - ウ 多額の選挙費用が必要となる。
- [ ] **12** 1890年実施の衆議院議員選挙では，有権者の資格の1つとして，直接国税を収める納税額を設けていた。何円以上か。　p.66 **1** 1)
- [ ] **13** 12の納税額による制限がとりはらわれ，男子の普通選挙が実現したのは，西暦何年のことか。　p.66 **1** 1)

答え

1 名望家政党　**2** 綱領　**3** 圧力団体(利益団体，利益集団)　**4** 多党制　**5** 55年体制
6 ねじれ国会　**7** 族議員　**8** 政党助成法　**9** 政治資金規正法　**10** 普通選挙　**11** イ
12 (直接国税)15円以上　**13** 1925年

- □**14** 日本における公務員の選挙について，その運営のしかたを定めた基本法とは，何か。
- □**15** 被選挙権が満30歳以上に定められている公職は，どれか。
  ア　衆議院議員　イ　都道府県知事　ウ　市町村議会議員
- □**16** 選挙事務を管理する行政委員会として，国に中央選挙管理会，都道府県・市町村に各選挙管理委員会がおかれているが，比例代表選挙の事務はどちらが行うか。
- □**17** 1994年の公職選挙法改正で導入された衆議院議員の選挙制度は，何か。
- □**18** 参議院の比例代表制は，どのような方式で行われるか。
- □**19** 選挙区によって，議員1人あたりの有権者数が大きく異なり，「一票の格差」が問題となっていることを，何というか。
- □**20** マス・メディアを用いて政党や企業などがその意図する方向に国民の意見や考えを作り出していくことを，何というか。
- □**21** 今日，マス・メディアが広範かつ巨大な影響力をもったことを指してマス・メディアは，何と呼ばれるか。
- □**22** 選挙に関する報道などが，その結果に影響を与えることを，何というか。
- □**23** メディアによりもたらされる情報を評価・識別する能力を，何というか。
- □**24** ネットを正しく利用できる能力のことを，何というか。
- □**25** 次の中で，ラスウェルの述べる脱政治的態度は，どれか。
  ア　積極的に政治を否定して選挙をナンセンスと考える。
  イ　政治は自分以外の誰かが行うと考える。
  ウ　政治家・政党・官僚の行う政治に幻滅を感じ反発する。
- □**26** 選挙結果を左右するほど多くを占めるようになった，とくに支持する政党をもたない人々を，何というか。

答え

14 公職選挙法　**15** イ　**16** 中央選挙管理会　**17** 小選挙区比例代表並立制
18 非拘束名簿式比例代表制　**19** 議員定数不均衡　**20** 世論操作　**21** 第四の権力
22 アナウンス効果　**23** メディア・リテラシー　**24** ネット・リテラシー　**25** ア
26 無党派層

29 主権国家と国際社会

1 国際社会の成立

1│主権国家の誕生　16〜17世紀のヨーロッパでは，封建制度がくずれ，それまでヨーロッパ世界を支配していたローマ教皇と教会の権威が弱まり，国王が絶対的権力をもって国民と領土を支配した絶対主義国家が生まれた(**主権国家**の原型)。市民革命を経て，国家と国民との一体性が自覚されるようになり，**国民国家**として発展した。

2│国際社会の成立 重要
①**ウェストファリア条約**…1648年締結。三十年戦争の戦後処理のための講和条約。各国の主権の独立と平等が確認され，**国際社会**が成立した。
②**主権国家**…最高かつ絶対的な政治権力をもつ。独立しており，他からの干渉を受けない国家のこと。
③**国際社会**…主権国家を単位として構成される。
④**国際法**…国家間の一般的な慣行である**国際慣習法**と明文化された国家間の合意である**条約**からなる。**グロティウス**は国際法を理論的に体系づけた。(→p.74)

3│国民国家とナショナリズム　市民革命や独立運動を経て成立した国民国家では，帰属する国家・民族・文化・歴史等を1つの単位とみなし，称揚する**ナショナリズム**が盛り上がりを見せた。
①**民族自決**…ヨーロッパ諸国はヨーロッパ以外の地域の主権を認めず，次々に植民地化した。植民地となった地域では第二次世界大戦後，自民族による民族自決主義が高まり，ナショナリズムを掲げて，闘争を経て独立していった。
②**ナショナリズムの種類**…ナショナリズムは**国民主義，国粋主義，民族主義**などと訳され，今日では多様な意味で使われる。郷土愛に基づくパトリオティズム(愛国主義)とも近似した使われ方をすることがある。

要点
[**主権国家**]
・対内的には，最高かつ絶対的な政治権力をもつ
・対外的には，独立・不可侵
　→国際社会で相互に独立と平等の立場

2 国際平和の構想

1｜国際平和の提唱 多くの思想家が永久平和の実現について考えてきた。

① **サン=ピエール**…フランスの聖職者。『永久平和論』を発表し，戦争の放棄や平和のための恒久的な国際機構の設立などを説いた。

② **ルソー**…社会契約説に立って，人民が中心になった民主主義国家を建設し，その連合によって国際平和が実現すると述べた。

③ **カント**…ドイツの哲学者。『**永久平和のために**』を著し，専制主義や常備軍の排除，自由な共和制国家による国際平和機構の設立の必要性などを説いた。
(→p.77)

2｜国際協調の進展 重要

① **国際組織の設立**…国際社会の中でそれぞれの主権国家どうしが相互に合理的な調整をはかるために，国際協力組織が設立された。**国際電気通信連合**(→1865年設立)や**万国郵便連合**(→1874年設立)などが代表例。

② **国際裁判の開始**…1899年のハーグ平和会議において**常設仲裁裁判所**❶が設置された。1921年には国際連盟に常設国際司法裁判所が設けられた。

③ **国際司法裁判所**❷(→オランダのハーグにある)…第二次世界大戦で一度機能停止した常設国際司法裁判所であったが，国際連合の国際司法裁判所として1946年に継承された。1996年には国際海洋法裁判所が，2003年には**国際刑事裁判所**が設置された。

④ **国際刑事裁判所**…1998年採択の国際刑事裁判所設立条約に基づき，2003年に発足。紛争時における集団殺害犯罪，戦争犯罪，人道に対する犯罪，侵略犯罪について個人を裁く。日本は2007年に加盟。アメリカ・ロシア・中国・インドは未批准。

⑤ **地域的な国際裁判所**…欧州人権裁判所や欧州司法裁判所など。欧州人権裁判所は，欧州評議会加盟国の人権救済機関。個人や団体による提訴も可能である。欧州司法裁判所は，EUの最高裁判所にあたる。

+α

❶ **常設仲裁裁判所** 国際紛争当事国の合意により法廷が設置される。個人による提訴も可能。国際司法裁判所に提訴するよりも手続きが容易なため，現在も存続している。最近では，2009年にスーダン・アビエ境界線問題などで判決を出した。

❷ **国際司法裁判所** 両当事国の合意により裁判に付託される。裁判の判決は法的拘束力をもつ。また，法的拘束力をもたない「勧告的意見」を出すこともできる。最近では，2010年にコソボの独立の適法性についてセルビアより付託され，「国際法上，違法ではない」との判断を示した。

1編 現代の政治

30 国際法と国際社会

1 国際法の成立とその種類

1 国際法の必要性　国際法とは，国際社会における主権国家の関係を規制する法。国際社会の秩序を維持するために必要。

2 国際法の種類　**国際慣習法**と**条約**に分かれる。また，適用時期により平時国際法と戦時国際法に，適用範囲により**国際公法**と**国際私法**❶に分類される。

①**国際慣習法**【重要】…長い間の外交の過程で認められてきた国家間の暗黙の合意。領土の不可侵，**内政不干渉**❷，**公海自由の原則**❸，**外交特権**❹など。

②**条約**【重要】…国家間の合意を明文化したもの。協定・宣言・憲章・規約・議定書・覚書・交換公文なども，広い意味で条約に含まれる。

3 グロティウス【重要】　オランダの法学者。絶対主義国のあいだで繰り返された戦争を体験し，近代自然法の立場から，国家間の紛争においても人間の理性にしたがった秩序が存在すべきであるとし，『**戦争と平和の法**』❺（1625年）を著して，国際社会にも当然守るべき法があることを強く主張した。

4 国際法の特徴

①**立法機関の不存在**…国際社会全体を強制的に統合する立法機関が存在しないために，国際法はそれぞれの主権国家どうしの合意を経なければ成立しない。国際連盟や国際連合も統一的な最高の政治権力は有していない。

②**国際裁判の不整備**…紛争もしくは渉外の当事国そのものが合意をしなければ，国際裁判は開かれることはない。国内法における裁判の強制管轄権は国際社会では存在せず，不十分な国際司法裁判所が現存するにとどまる。

③**強制機関の不存在**…国際法もしくは国際法の適用によって下される国際裁判の判決や決定を履行させるような強制力が存在しない。制裁手段の不十分さから，大国や強国の一方的な国際法や国際裁判の無視が生じうる。

要点　[国際法の種類]
- **国際慣習法**…長い間の外交の過程で認められてきた国家間の暗黙の合意。領土の不可侵，**内政不干渉**，**公海自由の原則**，**外交特権**など
- **条約**…国家間の合意を明文化したもの。協定・宣言・憲章など

5章 国際社会と国際連合

	国際法	国内法
法の種類	国際慣習法・条約	憲法・法律・条例など
法の主体	おもに国家	おもに個人や企業
立法機関	なし。ただし国家間での合意や国際機関での条約の制定などがある	議会
司法機関	当事国が合意した場合に限り, 国際司法裁判所が管轄する	裁判所が強制的に管轄する。当事者の一方が訴えることで裁判が始まる
行政機関	なし。ただし, 国際機関が一部補完	政府
法の執行機関	なし。ただし, 国際機関が一部補完	警察・検察・裁判所など

▲国際法と国内法の違い

2 国際法の主体としての国家

国際法の主体である国家の要件は, ①**領土**, ②**国民**, ③**実効的な政府**, ④**対外主権**(外交能力)の4つである。

3 国際法と外交

国際社会には統一的立法機関がなく, 各国の合意に基づく条約や憲章などの国際法によって秩序が保たれる。そのため, 外交と国際法は密接な関係をもち, 独自の発達を遂げた。

1│ 常駐する国家代表 公使・大使・領事をはじめとする外交官は身体や住居の不可侵, 訴訟の免除などの外交特権をもつ。

2│ 外交の役割 情報収集, 外交交渉, 合意・主張・宣言などを文書にして確定させるなど, 多くの機能を果たす。近年は首脳外交の果たす役割が大きい。

用語

❶**国際私法** 結婚・所有権・商取引など, 国籍を異にする私人間の関係のとり決め。ふつう国際法には入れない。

❷**内政不干渉** 国内の政治に対して, 他国の干渉を受けないこと。

❸**公海自由の原則** 公海上ではどの国の船でも自由に航行・漁獲・資源開発が行えるとする。最近は200海里の排他的経済水域の設定で純然たる公海の幅が狭まっている。

❹**外交特権** 接受国において, 外国公館および外交官とその家族, また国際機関などに与えられる特権や免除のこと。公館の不可侵権, 通信の不可侵, 公館に対する課税免除, 外交官の身体の不可侵(抑留・拘禁の禁止), 刑事・民事・行政裁判権の免除など。

❺**『戦争と平和の法』**「国際法の父」といわれるグロティウスは ①侵略を防ぐための戦争, ②奪われたものを回復するための戦争, ③制裁のための戦争を正しいとした(正戦論)。

31 勢力均衡から集団安全保障へ

1 国家間の安全保障の形態

1│勢力均衡の方式

①**同盟・敵対関係による集団形成**…協調する国家で集団・グループを形成する。しかし，同様にその集団に敵対する集団も形成される。第一次世界大戦前の**三国協商**（イギリス・フランス・ロシア）と**三国同盟**（ドイツ・イタリア・オーストリア）など。また，冷戦中のNATOとワルシャワ条約機構など。

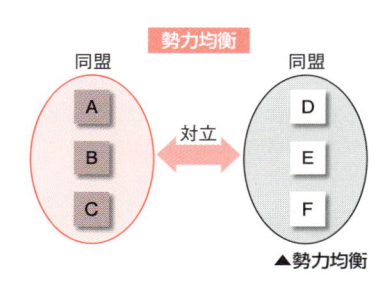

②**力の均衡による抑止**…お互いに同程度の勢力を保ち，攻撃を仕掛けられないような状況をつくって安全を図る。

2│勢力均衡の方式の問題点

①**軍事バランス**…軍事的勢力に大きく差があると抑止力にはならない。

②**軍拡競争**…互いを潜在的脅威とし，対抗する形で軍拡競争が続けられるので戦争になりやすい。

③**硬直化**…協調・対立関係が固定され，関係が硬直化すると戦争になりやすい。

3│集団安全保障の方式

①**加盟の原則**…利害が異なる国家も含めて，関係国が例外なくメンバーとして安全保障体制に参加。

②**制裁**…平和を乱した国家がある場合，他のメンバーが協力して，違反国に制裁を加える。国際連盟や国際連合はこの考え方に基づく。

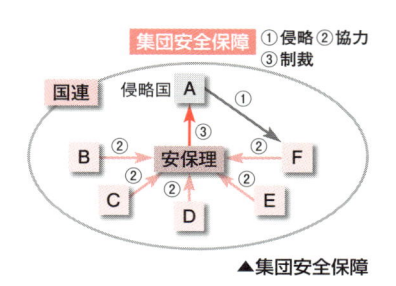

▲集団安全保障

要点　[安全保障の形態]
- **勢力均衡**の方式…第一次世界大戦前の**三国協商**，**三国同盟**など
- **集団安全保障**の方式…**国際連盟**，**国際連合**など

2 国際連盟の成立と崩壊

1 国際連盟の成立 重要

①**平和機構**…ドイツの**カント**は『**永久平和のために**』の中で，国際平和機構の設立の必要性を主張した。

②**十四か条の平和原則**…第一次世界大戦末期の1918年，アメリカの**ウィルソン**大統領は，秘密外交の禁止，海洋の自由，軍備の制限，各国の政治的独立と領土保全を保持するための国際機関の設立など，14か条からなる平和原則を示し，国際平和機構の設立を呼びかけた。

③**国際連盟の発足**…1919年のパリ講和会議で**ベルサイユ条約**が結ばれ，ウィルソンの十四か条の平和原則に基づく平和機構の設立が決定された。翌1920年に，ジュネーブに本部を置き，原加盟42か国からなる国際連盟が発足。

④**国際連盟の組織**…総会，理事会，事務局，常設国際司法裁判所，国際労働機関(ILO)など。

2 国際連盟の欠陥 重要

①**大国の不参加・脱退**[❶]…アメリカは議会の反対で参加せず，1930年代に日本，ドイツ，イタリアと次々に脱退。ソ連が1934年に加盟したが1939年に除名されるなど，メンバーの不参加・離脱によりほとんど機能しなかった。

②**議決方法**…国際連盟の最高意思決定機関は総会であり，**全会一致制**に基づいていたため，制裁など有効な措置をとることが困難であった。

③**制裁手段**…法的拘束力のない勧告にとどまり，**経済制裁**だけに限られた。軍事制裁ができず，抑止力に乏しかった。

> **要点** [国際連盟の失敗]
> ・アメリカの不参加と日本・イタリア・ドイツ・ソ連の脱退
> ・**全会一致制**の議決方法と**経済制裁**のみの制裁手段

+α

❶**大国の不参加・脱退** アメリカは，モンロー主義(アメリカ大陸とヨーロッパ大陸との相互不干渉を主張するアメリカ外交政策の原則)を主張する上院の反対により，国際連盟に参加しなかった。日本は，満州事変後の1933年に，満州国の建国を国際連盟の派遣したリットン調査団に認められなかったことを不満として，国際連盟を脱退。同年にはドイツ，1937年にはイタリアが脱退。ソ連は，1934年に加盟を認められたが，1939年のフィンランド侵攻を理由に除名された。

32 国際連合の成立

1 国際連合の成立

1| 新しい平和思想の構想 重要
第二次世界大戦中に連合国側の首脳は戦後体制の確立に着手。

①**大西洋憲章**…1941年,アメリカのF. ローズベルトとイギリスのチャーチルが大西洋上で会談し,大西洋憲章に調印。新たな安全保障体制の構築に合意。

②**ダンバートン・オークス会議**…1944年,米英ソ中による国連憲章草案の作成。

③**ヤルタ会談**…1945年,クリミア半島のヤルタで開かれた米英ソ首脳会談。国際連合の設立や戦後の国際秩序について話し合われた。

2| 国際連合の成立

①**国際連合憲章**…1945年6月,連合国がサンフランシスコ会議で署名し,同年10月に**国際連合(国連)**が成立(原加盟国数は51)。

②**国連の目的**…国際社会の平和と安全の維持,諸国間の友好関係の発展,経済的・社会的・文化的・人道的な面での国際協力の推進。

2 国際連合の主要機関

1| 総会
すべての加盟国によって構成。毎年1回通常総会を開催。1国1票制。

①**議決方法**…重要事項については,出席・投票する国の3分の2以上の賛成が必要。その他の事項は過半数で成立。

②**議決の効力**…議決だけでは法的拘束力はない。条約,勧告,宣言など,多くのことがらについて議決するが,発効は各国自身の批准などによる。

2| 安全保障理事会(安保理) 重要
平和と安全の維持に関して責任を負う。アメリカ・イギリス・フランス・ロシア・中国の5大国を**常任理事国**とし,総会の選挙で選ばれた非常任理事国10か国とあわせて構成される。

①**議決方法**…手続事項と実質事項で異なる。手続事項については,15理事国のうち常任・非常任を問わず9理事国以上の賛成で成立。実質事項については,5大国(常任理事国)全部を含む9理事国以上の賛成が必要。5大国が1か国でも反対すれば否決される。常任理事国のこの権限を**拒否権**という。

②**安保理の決定**…安保理は外交的・経済的・軍事的制裁を加える決定を行うことができる。決定にはすべての加盟国に対する拘束力がある。

5章 国際社会と国際連合

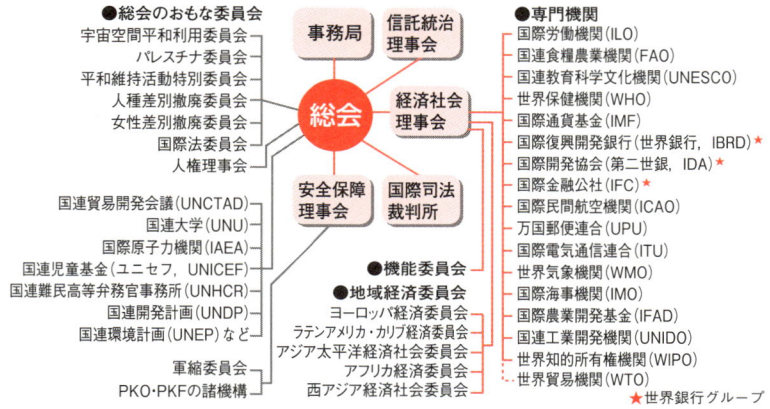

▲国際連合の組織

●総会のおもな委員会
- 宇宙空間平和利用委員会
- パレスチナ委員会
- 平和維持活動特別委員会
- 人種差別撤廃委員会
- 女性差別撤廃委員会
- 国際法委員会
- 人権理事会
- 国連貿易開発会議(UNCTAD)
- 国連大学(UNU)
- 国際原子力機関(IAEA)
- 国連児童基金(ユニセフ，UNICEF)
- 国連難民高等弁務官事務所(UNHCR)
- 国連開発計画(UNDP)
- 国連環境計画(UNEP)など
- 軍縮委員会
- PKO・PKFの諸機構

事務局
信託統治理事会
経済社会理事会
総会
安全保障理事会
国際司法裁判所

●機能委員会
●地域経済委員会
- ヨーロッパ経済委員会
- ラテンアメリカ・カリブ経済委員会
- アジア太平洋経済社会委員会
- アフリカ経済委員会
- 西アジア経済社会委員会

●専門機関
- 国際労働機関(ILO)
- 国連食糧農業機関(FAO)
- 国連教育科学文化機関(UNESCO)
- 世界保健機関(WHO)
- 国際通貨基金(IMF)
- 国際復興開発銀行(世界銀行，IBRD)★
- 国際開発協会(第二世銀，IDA)★
- 国際金融公社(IFC)★
- 国際民間航空機関(ICAO)
- 万国郵便連合(UPU)
- 国際電気通信連合(ITU)
- 世界気象機関(WMO)
- 国際海事機関(IMO)
- 国際農業開発基金(IFAD)
- 国連工業開発機関(UNIDO)
- 世界知的所有権機関(WIPO)
- 世界貿易機関(WTO)

★世界銀行グループ

3│経済社会理事会 重要　経済的・社会的な問題に取り組み，多くの専門機関と連携して活動する。地域経済委員会や機能委員会などの補助機関がある。

①**専門機関**…専門機関とは，経済社会理事会と連携協定を結んだ機関。IMF，ILO，UNESCO，世界銀行グループ(IBRDなど)，WHOなど。

②**国連NGO**…経済社会理事会との協議資格をもつNGO。

4│信託統治理事会❶　国際連盟時代の信託統治制度を継承した機関。現在，信託統治地域がすべて独立したため活動は停止中。

5│国際司法裁判所　オランダ・ハーグに設置。国家間紛争を裁判するが，当事国双方の同意が無ければ裁判を行うことはできない。判決には法的拘束力がある。

6│事務局　国連事務総長❷を最高責任者とする。事務総長は常任理事国から選ばれたことがない。

> 要点　**[国連の主要機関]**
> ・**総会**…1国1票制。議決は勧告にとどまり，法的拘束力はない
> ・**安全保障理事会**…常任理事国は**拒否権**をもつ。決定は加盟国を拘束

用語

❶**信託統治理事会**　信託統治とは自治をまだ行えない地域を他の国が国連監視下で統治すること。その監視・監督にあたる機関である。

❷**国連事務総長**　国際平和と安全を脅かす問題について「安保理に注意を促す権限」が与えられている。また，事務総長自ら国際紛争の調停にあたっている。

33 国際連合のあゆみ

1 加盟国の拡大

1│加盟国

①**原加盟国**…第二次世界大戦の戦勝国を中心とする51か国。
　↳発足当初の加盟国

②**旧枢軸国の復帰**…1950年代にオーストリアやハンガリー，日本などが加盟し，82か国となる。また，インドネシアやマレーシア，ラオスなど，アジア・アフリカの加盟が広がり始める。

③**1960年代**…アフリカ諸国の独立によって大幅に増え，126か国となる。

④**冷戦中期〜現在**…1973年には東西ドイツの同時加盟，1990年代にソ連解体，ユーゴ分裂，南北朝鮮の加盟などで189か国。2013年現在，加盟国数は193。

2│非加盟国・地域
バチカン市国，パレスチナ自治政府，台湾，コソボ共和国などがある。バチカン市国やパレスチナ自治政府は国連総会に投票権をもたないが，オブザーバーとして参加している。

3│旧敵国条項
「第二次世界大戦中に連合国の敵国であった国」は例外規定が設けられ，場合によっては安保理の許可が無くとも軍事的制裁を加えてよいとする条項が設けられた。

①**該当国**…国名で名指しされてはいないが，日本，ドイツ，イタリアなど7か国が「敵国」とされるという見解が採られた。

②**削除への動き**…1995年，日本・ドイツが共同で敵国条項削除案を国連総会に提出。賛成多数で採択されたが，批准はまだ必要数に達しておらず，削除決議案は未発効のままとなっている。

2 国連の平和維持活動

1│PKO（平和維持活動）【重要】
　↳Peace Keeping Operations

冷戦終結後，PKOは国連の安全保障・紛争の平和的解決の手段として重要視され，活動の幅を広げるようになった。

①**PKOの3原則**…PKOは，①関係国の同意を必要とする，②中立性を保つ，③自衛以外の武力を行使しない，の3原則に基づき活動している。

②**活動の概要**…紛争地において，紛争当事者間の停戦合意が成立した後に，安保理または総会の決議に基づいて停戦，双方の軍の撤退を監視することによって平和的な紛争解決を図る。紛争後の民主的選挙の監視団の派遣や文民警察の

派遣，難民帰還の支援，復興開発の支援と活動の幅が広がった。
③PKOの規定…国連憲章にはPKOに関する規定がない。国連憲章第6章では紛争解決に関連する勧告等についての規定があるが，PKOの根拠規定はない。一方，**第7章42条❷**では軍事力を伴う強制措置について規定するが，PKOの根拠規定はない。そのため，PKOは**6章半の活動**と呼ばれることがある。
④PKF（平和維持軍）…PKOに基づき派遣される各国軍隊。紛争当事者間の兵力引き離しや非武装地帯確保，停戦監視などに当たる。国連加盟国が自発的に提供するものであるが，原則的には派遣国ではなく国連の指揮下で活動する。
　↳Peace Keeping Forces
⑤多国籍軍…多国籍軍は安保理の決議に基づいて派遣されるが，国連の指揮下にはなく，派遣国の責任において大規模な武力行使を行う。湾岸戦争，ソマリア，コソボ，アフガニスタンなどへ派遣された。
⑥国連軍…国連憲章第7条42項に根拠をもつが，現在まで正規の国連軍が派遣されたことはない。
（→p.84）

2「平和のための結集」決議…拒否権の発動などで安保理決議が行えない場合に，総会で必要な措置をとれるようにしたもの。
　↳1950年の朝鮮戦争時に採択された。

> **要点**　[国連の平和維持活動]
> ・PKO…停戦合意後に，停戦監視・選挙の監視などが任務
> ・PKF…平和維持活動に送られる軍隊
> ・多国籍軍…安保理の決議をもとに派遣される軍隊

3 国連の課題

1 財政の問題　国連の財政は加盟各国の分担金によってまかなわれている。分担金の割合は各国ごとに異なり，アメリカが1位で日本が2位であるが，アメリカは滞納している。また，中国の分担金は経済規模の割に少ない。

2 安保理の構成　安保理の常任理事国と非常任理事国を増やすよう求める声が上がっているが，実現していない。日本・ドイツ・ブラジル・インドなどが常任理事国入りを目指している。

+α

❶ **平和維持活動**　平和創造(Peace Making)，平和維持(Peace Keeping)，平和構築(Peace Building)の段階がある。

❷ **第7章42条**　安全保障理事会は，国際平和の維持や回復に必要な軍事的措置を行うことができると規定している。

要点チェック

↓答えられたらマーク　　　　　　　　　　　　　　　わからなければ⤴

- **1** 1648年に締結された、三十年戦争の戦後処理のための講和条約は、何か。　p.72
- **2** 独立しており、他からの干渉を受けない国家を、何というか。　p.72
- **3** 『永久平和論』を発表し、戦争の放棄や平和のための恒久的な国際機構の設置などを説いたフランスの聖職者は、だれか。　p.73
- **4** 『永久平和のために』を著し、自由な共和制国家による国際平和機構の成立の必要性を説いたドイツの哲学者は、だれか。　p.73
- **5** 1899年のハーグ平和会議において設立され、国際紛争当事国の合意により法廷が設置される裁判所を、何というか。　p.73
- **6** 国際紛争を平和的に解決することを目的として1946年にオランダのハーグに設立された国際連合の機関は、何か。　p.73
- **7** 紛争時における集団殺害犯罪や人道に対する罪などの重大犯罪について個人を裁く目的で設立された裁判所は、何か。　p.73
- **8** 欧州評議会の加盟国を対象とした人権救済機関は、何か。　p.73
- **9** 国内の政治に対して、他国の干渉を受けないという国際慣習法上確立された原則を、何というか。　p.74
- **10** 公海上ではどの国の船でも自由に航行・漁獲・資源開発が行えるとして、国際慣習法上確立された原則は、何か。　p.74
- **11** 近代自然法に基づいて国際法の基礎を確立し、『戦争と平和の法』を著したオランダの法学者はだれか。　p.74
- **12** 国際法の主体としての国家の要件として、領土、国民、対外主権のほかに、何があるか。　p.75
- **13** 協調する国家で同盟を結び、敵対する国家との間で力のつりあいをとることで国際平和を維持しようとする考え方を、何というか。　p.76

答え

1 ウェストファリア条約　**2** 主権国家　**3** サン＝ピエール　**4** カント　**5** 常設仲裁裁判所
6 国際司法裁判所　**7** 国際刑事裁判所　**8** 欧州人権裁判所　**9** 内政不干渉
10 公海自由の原則　**11** グロティウス　**12** 実効的な政府　**13** 勢力均衡

- **14** 三国同盟の3国は、次のア・イのうちのどちらか答えよ。 p.76
  - ア ドイツ・イタリア・オーストリア
  - イ イギリス・フランス・ロシア
- **15** 第一次世界大戦中にアメリカのウィルソン大統領が発表し、国際連盟の設立などを呼びかけた提言を、何というか。 p.77
- **16** 1919年のパリ講和会議で結ばれた条約は、何か。 p.77
- **17** 国際連盟総会の議決方式は、何か。 p.77
- **18** 1941年にアメリカのF.ローズベルトとイギリスのチャーチルが戦後の世界秩序について合意した宣言は、何か。 p.78
- **19** 1944年、アメリカ、イギリス、ソ連、中国によって国連憲章の草案が討議された会議は、何か。 p.78
- **20** 国際連合の設立や戦後の国際秩序について話し合われた、1945年の米英ソ首脳会談を、何というか。 p.78
- **21** 国連憲章が採択された1945年の会議は、何か。 p.78
- **22** 安保理の常任理事国は、アメリカ・イギリス・ロシア・中国と、あと1つはどこか。 p.78
- **23** 安保理の決議において、5大国のうち1か国でも反対すれば否決されるとする、常任理事国の権限を、何というか。 p.78
- **24** 国連の主要機関の1つで、UNESCOやILOなどの専門機関と連携し、経済的・社会的な問題に取り組む機関は、何か。 p.79
- **25** 総会や安保理の決議により組織され、停戦合意後の治安の維持や選挙の監視などを任務として派遣される活動は、何か。 p.80
- **26** 安保理の決議に基づいて派遣されるが、国連の指揮下にはなく、大規模な武力行使を行う軍隊を、何というか。 p.81
- **27** 1950年の朝鮮戦争時に採択され、拒否権の発動などで安保理決議が行えない場合に、総会で必要な措置をとることができるようにした決議を、何というか。 p.81

答え

14 ア **15** 十四か条の平和原則 **16** ベルサイユ条約 **17** 全会一致制 **18** 大西洋憲章
19 ダンバートン・オークス会議 **20** ヤルタ会談 **21** サンフランシスコ会議
22 フランス **23** 拒否権 **24** 経済社会理事会 **25** PKO(平和維持活動) **26** 多国籍軍
27 「平和のための結集」決議

1編 現代の政治

34 冷戦と緊張緩和

1 冷戦体制の確立

1) 冷戦 重要　アメリカを中心とする資本主義諸国(西側)とソ連を中心とする社会主義諸国(東側)が対立。第二次世界大戦後から1980年代末までは**冷戦(冷たい戦争)** の時代と呼ばれた。

① 冷戦の開始…ソ連がヨーロッパを東西に分断させようとしているという**チャーチル**の「**鉄のカーテン**」演説以降、冷戦が表面化。

② **トルーマン・ドクトリン**…1947年、アメリカのトルーマン大統領はソ連の勢力圏拡大を防止する**封じ込め政策**を打ち出した。経済面では**マーシャル・プラン**を実行し、欧州の経済復興を支援した。

③ ソ連の対抗…ソ連は、1947年に各国共産党の連絡機関としてコミンフォルムを結成し、1949年に**コメコン(経済相互援助会議)** を設立した。

④ 軍事同盟の成立…1949年に資本主義陣営(西側)で**北大西洋条約機構(NATO)** が成立。これに対し、1955年に社会主義陣営(東側)で**ワルシャワ条約機構(WTO)** を結成して対抗した。

2) 冷戦の激化

① ベルリン封鎖…1948年、ソ連はドイツのベルリン西側への交通を遮断。西側は空輸で対抗した。翌年、封鎖が解除されたが、ドイツは東西に分断された。

② 中華人民共和国の成立…1949年に中華人民共和国と中華民国(台湾)に分裂。

③ **朝鮮戦争**…1950年、朝鮮民主主義人民共和国(北朝鮮)が大韓民国(韓国)へ侵攻したことにより勃発。アメリカを中心とした**国連軍**[1](→p.81)が韓国を支援する形で参戦。中国とソ連は北朝鮮を支援した。1953年に休戦協定が締結。

④ **ベトナム戦争**[2]…1965年にはアメリカがベトナム戦争への介入を本格化した。

要点

[冷戦の構図]
- 西側(資本主義陣営)…**トルーマン・ドクトリン、マーシャル・プラン、北大西洋条約機構(NATO)**
- 東側(社会主義陣営)…コミンフォルム、**コメコン(経済相互援助会議)、ワルシャワ条約機構(WTO)**

2 デタント(緊張緩和)と多極化

1 デタントの動き 重要

①**デタントの流れ**…1953年のスターリン死去のあと，次のフルシチョフは平和共存政策を提唱し，1955年に**ジュネーブ4巨頭会談**（→米英仏ソ），1959年に米ソ首脳会談が開かれた。

②**キューバ危機**…1962年，ソ連がキューバに建設したミサイル基地をめぐり核戦争の危機が生じた。ソ連がミサイル基地を撤去したため戦争は回避された。この事件をきっかけに，米ソ間に直通電話回線(ホットライン)が引かれた。

2 多極化の進展

①**西側の動き**…フランスが1966年にNATOの軍事機構を脱退。

②**東側での民主化の動き**…1956年，**ハンガリー動乱**が発生し，ポーランドでも暴動が起こった。1968年，チェコスロバキアで**プラハの春**とよばれる自由化政策がとられた。

③**中ソ対立**…1959年代後半から激化し，1969年には中ソで国境紛争が起きた。

④**アメリカの動向**…1973年，ベトナム和平協定調印。1979年，米中国交正化。

3 第三世界の台頭

1 平和5原則
1954年，周・ネルー会談（→中国・インド）が行われ，領土と主権の相互尊重，相互不可侵，内政不干渉，平等互恵，平和共存の5つの原則を合意。

2 アジア・アフリカ会議 重要
1955年，インドネシアのバンドンで開催。基本的人権や国連憲章の尊重，正義と国際義務の尊重などの**平和10原則**を採択。

3 植民地独立付与宣言
1960年(「アフリカの年」と呼ばれる)に国連総会で植民地主義の終結が宣言された。

4 非同盟諸国首脳会議
1961年，ユーゴスラビアのベオグラードで開催。**非同盟中立**の立場に立つ**第三世界**の国々が集まり，植民地主義の廃絶や人種差別に対する非難などを宣言した。

用語

❶**国連軍** 国連憲章第7章42条に根拠をもつ軍隊だが，実行例はない。1950年の朝鮮戦争で派遣された国連軍は，国連憲章の規定によらず，正規のものではない。

❷**ベトナム戦争** アメリカの支援を受けた南ベトナム(ベトナム民主国)と中国・ソ連の支援を受けた北ベトナム(ベトナム民主共和国)との間の戦争。アメリカ軍撤退後の1975年に南ベトナムが敗北するかたちで終結した。

1編 現代の政治

35 冷戦終結後の新秩序

1 新冷戦とゴルバチョフの登場

1) 新冷戦 1979年,ソ連のアフガニスタンへの侵攻を機に米ソ関係は再び悪化。1980年代前半は**新冷戦**と呼ばれる米ソ関係の緊迫化があった。

2) 新思考外交 ソ連で**ゴルバチョフ**政権が発足。**ペレストロイカ**(改革)や**グラスノスチ**(情報公開)を進め,外交方針を米ソ対話へと転換した。1987年,中距離核戦力(INF)全廃条約が締結されるなど,米ソ関係は急速に改善した。

3) 東欧革命 1989年の「ベルリンの壁」崩壊に象徴されるように民主化運動が活発になり,社会主義政権が倒れた。

4) 冷戦の終結 重要 1989年,米ソのブッシュ,ゴルバチョフによる**マルタ会談**❶で冷戦終結が宣言された。1990年,**東西ドイツ統一**の統一が実現。

5) ソ連崩壊 1991年,ワルシャワ条約機構,COMECONが解体。ソ連は崩壊,解体し,独立国家共同体(CIS)が発足した。

> **要点 [冷戦の終結とソ連解体]**
> **ゴルバチョフ**の登場→**ペレストロイカ**, **グラスノスチ**, **新思考外交**
> →**マルタ会談**で冷戦の終結→ソ連解体,独立国家共同体の発足

2 冷戦後の新秩序の模索

1) 地域紛争 冷戦終結後,民族,宗教紛争などが世界各地で噴出。

①**パレスチナ紛争**…アラブ諸国とイスラエルの紛争・テロが続く。1993年にパレスチナ暫定自治協定が結ばれ和平への期待が高まったが,現在もなお解決には至っていない。

②**湾岸戦争**…冷戦後の1991年に勃発。クウェートに侵攻したイラクをアメリカを中心とした多国籍軍が攻撃し,イラク軍をクウェートから排除した。

③**旧ユーゴスラビア紛争**…独立をめぐってクロアチア人,セルビア人,ムスリム(イスラム教徒)間で激しい内戦。1995年に和平が成立。

④**コソボ紛争**…コソボ自治州のセルビアからの分離・独立をめぐる。NATOによる介入により,セルビア軍への空爆。2008年にセルビアから分離・独立。

⑤その他…ソマリア内戦(1988年〜)、ルワンダ内戦(1990〜94年)、スーダン内戦(2011年、南スーダン独立)など。

2 ヨーロッパの地域統合 [重要]

①**EU(欧州連合)**…1993年にECより改組。その後東欧諸国へ拡大。経済だけでなく、司法制度や安全保障の枠組みを備えた超国家的統合体を目指す。2013年7月、28か国が加盟。
　↳European Union

②**欧州安全保障協力機構(OSCE)**…欧州、中央アジア、北米の57か国が加盟する世界最大の地域安全保障機構。紛争防止を目的として、欧州安全保障協力会議(CSCE)を1995年に改組・発展させたもの。人権、安全保障問題で重要な役割を果たしている。

3 ASEAN地域フォーラム(ARF)
1994年、ASEAN諸国と日・中・韓・米・ロ・印・豪・EUなどが参加して発足。アジア太平洋地域の安全保障について協議。

4 同時多発テロとアメリカの単独行動主義
アメリカは2001年の**同時多発テロ事件**以降、対テロ戦争としてアフガニスタン、イラクを攻撃した。2003年の**イラク戦争**では、イラクは大量破壊兵器を保有しているとアメリカが断定し、攻撃。同年、フセイン政権は崩壊した。こうしたアメリカの国際法や他国との協調を無視した行動は、**単独行動主義(ユニラテラリズム)**として批判されている。

5 アラブの春
2010年ごろからアラブ地域、北アフリカなどで民主化を求める民衆の動きが広く活発化した。エジプトでは約30年間続いたムバラク政権が倒れた。また2011年、リビアの国内抵抗勢力を支援する形でNATOがリビアのカダフィ政権を攻撃し、カダフィ政権が倒された。

6 中国の台頭と東アジア情勢の不透明化
中国は経済発展によって世界第2位のGDPという経済規模をもつ国となったが、スプラトリー(南沙)諸島や尖閣諸島問題(→p.88)に見られるような領土をめぐる衝突が起こしている。北朝鮮は核、弾道ミサイルを開発し、東アジア情勢を不透明にしている。

7 国際的な活動組織の伸長
NGO(非政府組織)の活動は人権・平和・環境など様々な分野に及んでいる。死刑廃止をはじめとした人権擁護活動で知られる**アムネスティ・インターナショナル**、**国境なき医師団**などが有名である。

用語

❶**マルタ会談**　地中海のマルタ共和国で、1989年12月に行われたブッシュ大統領とゴルバチョフ議長による米ソ首脳会談。ソ連・東欧の民主化・自由化を背景として、44年間続いた東西冷戦の終結が確認された。

36 国際紛争と難民問題

1 国際紛争

1 国際紛争の諸要因

①**政治的要因**…国益を追求する国家間の利害の対立。

②**経済的要因**…豊かな国と貧しい国との間の経済格差。

③**社会的・文化的要因**…人種・民族・宗教・イデオロギーなどの相違。

2 冷戦期
冷戦中は米ソが絡む紛争,代理戦争が世界各地で頻発。

3 領土をめぐる紛争
武力を伴う紛争に発展しやすい。

①**フォークランド紛争**…1982年,イギリス・アルゼンチン間でフォークランド諸島帰属問題を巡り,勃発。

②**スプラトリー(南沙)諸島問題**…中国・ベトナム間でスプラトリー(南沙)諸島を巡って起きた衝突。(→p.87)

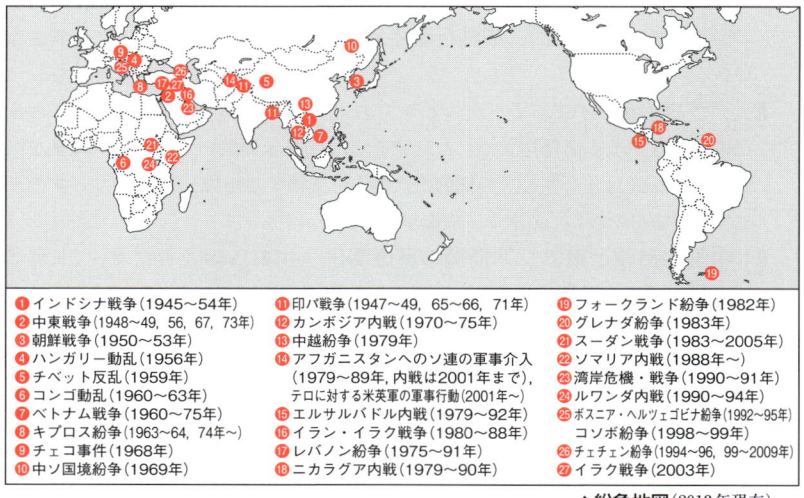

❶インドシナ戦争(1945~54年)
❷中東戦争(1948~49,56,67,73年)
❸朝鮮戦争(1950~53年)
❹ハンガリー動乱(1956年)
❺チベット反乱(1959年)
❻コンゴ動乱(1960~63年)
❼ベトナム戦争(1960~75年)
❽キプロス紛争(1963~64,74年~)
❾チェコ事件(1968年)
❿中ソ国境紛争(1969年)
⓫印パ戦争(1947~49,65~66,71年)
⓬カンボジア内戦(1970~75年)
⓭中越紛争(1979年)
⓮アフガニスタンへのソ連の軍事介入(1979~89年,内戦は2001年まで),テロに対する米英軍の軍事行動(2001年~)
⓯エルサルバドル内戦(1979~92年)
⓰イラン・イラク戦争(1980~88年)
⓱レバノン紛争(1975~91年)
⓲ニカラグア内戦(1979~90年)
⓳フォークランド紛争(1982年)
⓴グレナダ紛争(1983年)
㉑スーダン戦争(1983~2005年)
㉒ソマリア内戦(1988年~)
㉓湾岸危機・戦争(1990~91年)
㉔ルワンダ内戦(1990~94年)
㉕ボスニア・ヘルツェゴビナ紛争(1992~95年),コソボ紛争(1998~99年)
㉖チェチェン紛争(1994~96,99~2009年)
㉗イラク戦争(2003年)

▲紛争地図(2013年現在)

4 冷戦後の主な武力紛争 重要

①**ソマリア内戦**…国連は軍事力を用いた第2次国連ソマリア活動(UNOSOM Ⅱ)を展開したが,平和創設に失敗して撤退。
→1988年~

②**ルワンダ内戦**…フツ族，ツチ族間の内戦。
  └→1990～94年
③**ダルフール紛争**…スーダン西部で続く，反政府軍との衝突，内戦。
  └→2008年～
④**チェチェン紛争**…独立を求めるチェチェン共和国とロシアとの間の紛争。
  └→1994～96，99年
⑤**南オセチア紛争**…グルジアから独立を求める親ロシアの南オセチア地域の紛争。グルジアとロシアの武力衝突に発展。
  └→2008年
⑥**東ティモール紛争**…インドネシアからの独立を求めて起きた紛争。国連東ティモール・ミッションによる監視下の住民投票。2002年，独立。
  └→1975～2006年
⑦**カシミール紛争**…今なお続くインド・パキスタンによる紛争。
  └→1947年～
⑧**パレスチナ紛争**…イスラエルと**PLO（パレスチナ解放機構）**❶の間でテロや衝突，報復攻撃が続く。
  └→1948年～

2 人種・民族問題

1 公民権運動　アメリカで1950～60年代に黒人の地位向上を目指した運動。

2 アパルトヘイト（人種隔離政策）　南アフリカ共和国では，白人の黒人に対する激しい差別政策が続いていたが，1991年に廃止された。

3 エスノセントリズム　自民族中心主義。人種・民族問題の根幹。

3 難民問題

1 難民条約 重要　1951年，「難民の地位に関する条約」として採択。**難民**❷の生命や自由が脅威にさらされる恐れのある国に難民を送還してはならないとしている。1967年には「難民の地位に関する議定書（難民議定書）」を採択。
  └→ノン・ルフールマンの原則

2 国連難民高等弁務官事務所（UNHCR）　難民に対する保護活動を行う。
  └→United Nations High Commissioner for Refugees

3 国内避難民 重要　国内にとどまる避難民。**国内避難民**と経済的理由により祖国を離れた難民は，難民条約では保護・救済の対象外とされている。

> **要点**　[難民の救済]
> ・**国連難民高等弁務官事務所（UNHCR）**…難民に対する保護活動
> ・**難民条約**…1951年。国内避難民の救済に課題

用語

❶ **PLO（パレスチナ解放機構）**　中東戦争によって生まれた多くの難民が組織し，イスラエルに対して武装闘争を展開。

❷ **難民**　難民条約では，戦争・革命，・治的迫害などにより，本国を離れ保護を求めている人々のことをいう。

37 核兵器の開発と軍縮

1 核軍備拡張の競争

1 核兵器による均衡 1949年にソ連も原爆実験を行い、冷戦下の米ソ両国は、大量破壊兵器としての核開発・軍拡・核戦略を推し進めた。

①**核開発**…水爆・戦略爆撃機・大陸間弾道ミサイル(ICBM)など核兵器開発競争を展開。サイロと呼ばれる地下核輸送網も発達。冷戦中期以降、SLBM(潜水艦発射弾道ミサイル)やMIRV(多弾頭核ミサイル)なども開発され、地球上のどこへでも確実に核攻撃が可能になった。

②**核戦略**…アメリカの採用した大量報復戦略や、事態のレベルに応じた柔軟反応戦略など。また同盟諸国への核兵器による保護は**核の傘**❶と呼ばれる。

2 核軍備の広がり 核抑止体制のもとで、核兵器拡散の動きが進んだ。

①**インドとパキスタン**…インドは1974年・1998年に核実験を実施。パキスタンは2回目のインドの核実験に対抗して1998年に核実験を実施。

②**イスラエル**…核兵器を保有しているとの疑惑がある。

③**北朝鮮**…2003年、部分的核実験禁止条約からの脱退を表明。

2 第二次世界大戦後の軍縮の歩み

1 国際連合を中心とした軍縮活動 国際連合は、成立当初から、原子力委員会の設立、軍縮大憲章の採択、軍縮委員会の開催などを通じて、軍備縮小や核兵器の禁止についての決議や勧告を行ってきた。

①**軍縮に関する会議**…1952年、軍縮委員会成立→1962年、18か国軍縮委員会成立→軍縮委員会会議に改称→ジュネーブ軍縮委員会→ジュネーブ軍縮会議。

②**国連軍縮特別総会**…非同盟諸国首脳会議の要請で、1978年に初めて開かれ、その後も開催されている。世界平和を訴え、非政府組織(NGO)も参加。

2 主要国による軍縮の歩み 重要

①**部分的核実験停止条約(PTBT)**…1963年にアメリカ・イギリス・ソ連が調印。地下核実験が除かれているので部分的となる。(禁止)

②**核兵器拡散防止条約(NPT)**…1968年に核保有国と非核国の62か国が調印。核保有国の増加を防ぎ、核保有国が非保有国へ核兵器をもちこむことを禁止したもの。アメリカ・イギリス・ソ連・フランス・中国が条約で認められる核保

有国となった。

③**米ソ間の軍縮交渉**…1969年，**戦略兵器制限交渉（SALTⅠ・SALTⅡ）**（ソルト）が始まる。1987年には**中距離核戦力（INF）全廃条約**が成立。さらに1990年代に**戦略兵器削減条約（STARTⅠ・STARTⅡ）**に調印。1996年に**包括的核実験禁止条約（CTBT）**が採択されたが，未発効である。

④**新START条約**…2010年，アメリカ・ロシア間で調印。

3│民間の核兵器廃絶運動　日本で毎年，**原水爆禁止世界大会**が開かれるほか，これまでに**パグウォッシュ会議**❷や**ストックホルム・アピール**などが行われた。

4│通常兵器の軍縮 重要　1997年，**対人地雷全面禁止条約（オタワ条約）**が締結。すべての地雷の使用，生産，備蓄，移譲を禁止し，保有地雷の廃棄を義務付けた。また，**クラスター爆弾**❸の使用・開発・製造を禁止した**クラスター爆弾禁止条約（オスロ条約）**が2008年に成立。

5│非核地帯条約　域内諸国の核実験・保有・製造を禁止するだけでなく，核保有国の核実験・配備・使用も禁止する条約。中南米のトラテロルコ条約(1967年)，南太平洋のラロトンガ条約(1985年)，東南アジアのバンコク条約(1995年)，アフリカのペリンダバ条約(1996年)，中央アジア非核兵器地帯条約(2006年)の5つがある。

要点　[核軍縮の歩み]

- 核実験の禁止…**部分的核実験停止条約**（PTBT，1963年）
  →**包括的核実験禁止条約**（CTBT，1996年）
- 戦略兵器の削減…**戦略兵器制限交渉**（SALTⅠ・SALTⅡ）
  →**中距離核戦力（INF）全廃条約**（1987年）
  →**戦略兵器削減条約**（STARTⅠ・STARTⅡ・新START）

用語

❶**核の傘**　核保有国の核戦略網のこと。その保護下にはいって国の安全保障を図ることを，核の傘に入るという。

❷**パグウォッシュ会議**　1957年にカナダで開かれた世界平和のための国際科学者会議。1955年の**ラッセル・アインシュタイン宣言**（第五福竜丸事件を起こした水爆実験を非難，人類の危機を警告）に対応して開催された。

❸**クラスター爆弾**　1発の親爆弾の中に多数の子爆弾が組み込まれている爆弾。親爆弾が空中で爆発するとたくさんの子爆弾が広い範囲にばらまかれ，大きな被害を与える。

38 日本の外交と国際貢献

1 冷戦下の日本外交

1｜国際社会への復帰 重要

①**サンフランシスコ平和条約**…1951年,資本主義諸国を中心とした連合国48か国と平和条約を結び,主権を回復した。

②**国際連合への加盟**…1951年の主権回復以来,日本は国連への加盟を申請していたが,ソ連による拒否権の発動で実現されなかった。1956年の**日ソ共同宣言**❶の調印によって国連加盟を実現した。

2｜外交三原則　日本政府が1957年に表明した外交の基本政策。

①**国連中心主義**…国際連合の精神を生かし,国際社会における平和と安全の維持に寄与し,国際協力に積極的に取り組むことを外交の基調としている。

②**自由主義諸国との協調**…日本が資本主義国であること,また占領下からのアメリカの影響により,自由主義諸国との関係を重視した。

③**アジアの一員としての立場の堅持**…東アジアの中の日本としての立場を重視している。発展途上国からは,積極的な経済協力を求められている。

3｜平和への寄与　戦争の惨禍をなくし,国際緊張を緩和する取り組みを推進。

①**戦争の放棄**…憲法9条2項による戦力の放棄。

②**武器輸出三原則**…①共産圏,②国連決議で武器の輸出が禁止されている国,③紛争当事国への武器輸出を認めない方針。しかし,アメリカに対する技術供与や共同生産・開発の面で制限が緩和されている。

2 国際社会と日本

1｜日米関係 重要

①**日米安全保障条約**…1951年のサンフランシスコ平和条約と同時に日米安全保障条約が締結。日米両国が東アジアの平和と安全に努めることが確認された。

②**沖縄の返還**…1972年に沖縄返還協定に基づいて沖縄の施政権がアメリカから日本に返還された。しかし,沖縄にはアメリカ軍基地が存続している。

2｜日中関係　1971年に中華人民共和国が国連代表権を獲得。1972年に**日中共同声明**が発表され,日本は中国との国交正常化を果たし,1979年には**日中平和友好条約**が成立。中国は1970年代になって尖閣諸島の領有権を主張し始めた。

3│日ロ関係　平和条約の未調印や北方領土問題など未解決の問題が多い。
　①**日ソ共同宣言**…1956年にソ連との間における戦争状態を終結させ、国交の回復をはかる目的で締結。この後、ソ連は日本の国連加盟を承認。
　②**北方領土問題**…北海道に隣接する歯舞群島・色丹・国後・択捉の4島について、日本は固有の領土として返還要求を続けている。しかし、ソ連（現ロシア）はポツダム宣言とサンフランシスコ平和条約で問題は解決ずみとし、主張が対立。平和条約が締結されないまま、現在に至っている。

4│朝鮮半島　韓国とは1965年の**日韓基本条約**で国交を正常化。北朝鮮（朝鮮民主主義人民共和国）との国交は拉致問題や核開発問題で停滞。北朝鮮の核開発に対しては、朝鮮半島の非核化を目指して**6か国協議（6者協議）**が継続的に行われてきたが、進展はみられない。
　　　　　　　　　　　　　　　　　　↳日・韓・中・米・ロ・北朝鮮

3　日本の国際貢献

1│「総合安全保障」 重要　安全保障政策の対象を外交・経済援助・文化交流・人的交流などの分野に広げ、総合的な視野から日本の安全保障を確保すること。

2│「人間の安全保障」 重要　1994年に**国連開発計画（UNDP）**により提唱。人間の生存・生活・尊厳に対する脅威から守ること。1999年、日本の提案で国連に「人間の安全保障基金」が設置され、**ボーダーレス化**が進む国際社会に置いて人類の共通課題に取り組んでいる。

3│国連の課題と日本　国連は財政難に直面し、安保理改革やPKOの方法をめぐる問題を抱えている。日本は国連中心主義に則って世界に相互理解と地球市民としての「**共生**」を実現していくことを期待されている。

要点　[日本の外交]
・日米関係…**日米安全保障条約**　　・日中関係…**日中平和友好条約**
・日ロ関係…**日ソ共同宣言**，**北方領土問題**
・朝鮮半島…**日韓基本条約**，北朝鮮をめぐる**6か国協議**

+α

❶**日ソ共同宣言**　日ソ共同宣言には、日ソ両国は平和条約締結後、ソ連は日本へ歯舞群島と色丹島を引き渡すことが明記されている。これが現在においても全島返還を求める日本と2島返還で決着をつけようとするロシアの間でのロシア側の主張の根拠となっている。

要点チェック

↓答えられたらマーク　　　　　　　　　　　　　　　　わからなければ ➡

- **1** イギリスのチャーチルが東西両陣営を分断する境界があるとして行った，ソ連批判の演説を，何というか。　p.84 **1** 1)
- **2** 1947年にアメリカのトルーマン大統領が打ち出したソ連の勢力圏拡大を抑える政策を，何というか。　p.84 **1** 1)
- **3** アメリカが推進した第二次世界大戦後の欧州復興のための支援策を，何というか。　p.84 **1** 1)
- **4** 1949年に成立した西側資本主義陣営の軍事同盟は，何か。　p.84 **1** 1)
- **5** 1968年にチェコスロバキアで一連の自由化政策がとられた状況を指して，何と呼ばれているか。　p.85 **2** 2)
- **6** 1955年，インドネシアのバンドンで開催されたアジア・アフリカ会議において採択された原則は，何か。　p.85 **3** 2)
- **7** ソ連のゴルバチョフ政権下で米ソ対話路線へと大きく転換した外交方針を，何というか。　p.86 **1** 2)
- **8** 1989年にアメリカのブッシュ大統領とソ連のゴルバチョフ大統領により冷戦の終結が宣言された会談を，何というか。　p.86 **1** 4)
- **9** イラクによるクウェート侵攻を機に，1991年に始まった戦争を，何というか。　p.86 **2** 1)
- **10** 欧州，中央アジア，北米の57か国が加盟する世界最大の地域安全保障機構を，何というか。　p.87 **2** 2)
- **11** 1994年にASEAN諸国と日・中・韓・米・露・印・豪・EUなどが参加して発足した，アジア太平洋地域の政治・安全保障ついての対話を行う場を，何というか。　p.87 **2** 3)
- **12** 2003年のイラク戦争でのイラクへの攻撃など，国際社会と協調しないアメリカの傾向を指して，何というか。　p.87 **2** 4)

答え
1 鉄のカーテン　**2** トルーマン・ドクトリン　**3** マーシャル・プラン　**4** 北大西洋条約機構(NATO)　**5** プラハの春　**6** 平和10原則　**7** 新思考外交　**8** マルタ会談　**9** 湾岸戦争
10 欧州安全保障協力機構(OSCE)　**11** ASEAN地域フォーラム(ARF)
12 単独行動主義(ユニラテラリズム)

- **13** 2010年ごろからアラブ地域や北アフリカなどで活発化した民主化を求める民衆の動きは、何と呼ばれているか。 p.87
- **14** 1982年にイギリス・アルゼンチン間で勃発した領土をめぐる紛争は、何か。 p.88
- **15** スーダン西部で続いている政府軍と反政府軍との間の衝突、内戦は、何か。 p.88
- **16** 領土の帰属をめぐり、インドとパキスタンとの間で今なお続いている紛争を、何というか。 p.89
- **17** アメリカで1950〜60年代に黒人の地位向上を目指して展開された運動を、何というか。 p.89
- **18** 南アフリカ共和国で、1991年に廃止するまで行われていた白人の黒人に対する激しい差別政策を、何というか。 p.89
- **19** 難民に対する保護活動を行う国連の機関を、何というか。 p.89
- **20** 核保有国の増加を防ぎ、核保有国が非保有国へ核兵器をもちこむことを禁止した条約を、何というか。 p.90
- **21** 1997年に締結された、すべての地雷の使用や生産などを禁止し、保有地雷の廃棄を義務付けた条約を、何というか。 p.91
- **22** 1951年に日本が自由主義諸国48か国と調印し、主権を回復した条約を、何というか。 p.92
- **23** 朝鮮半島の非核化を目指して、2003年から中国の北京で開かれている日本・韓国・中国・アメリカ・ロシア・北朝鮮が参加している会合を、何というか。 p.93
- **24** 軍事的側面だけでなく、外交や経済援助、文化交流などの非軍事的側面も視野に入れた安全保障政策を、何というか。 p.93
- **25** 1994年に国連開発計画(UNDP)が提唱した、人間の生存・生活・尊厳に対する脅威から人々を守るための理念は、何か。 p.93

答え

13 アラブの春　**14** フォークランド紛争　**15** ダルフール紛争　**16** カシミール紛争
17 公民権運動　**18** アパルトヘイト(人種隔離政策)　**19** 国連難民高等弁務官事務所(UNHCR)　**20** 核兵器拡散防止条約(NPT)　**21** 対人地雷全面禁止条約(オタワ条約)
22 サンフランシスコ平和条約　**23** 6か国協議(6者協議)　**24** 総合安全保障
25 人間の安全保障

39 資本主義経済の成立と発展

1 資本主義経済

1| **経済活動**　**財・サービス**の生産，流通，消費を行うこと。
2| **資本主義経済の特徴**

①**私有財産制**…土地・労働力・資本などの**生産手段の私有**が保障される。

②**営利の追求**…企業の自由な利益追求。企業は，得られる**利潤**(利潤＝売り上げ－生産費用)を最大化しようとする。

③**商品経済**…販売することを目的に財やサービスを生産する経済。

④**市場経済**…経済活動の自由が保障されており，政府は原則的に介入しない(**自由競争**)。市場を通じて，価格・賃金・資源の配分が調節される。

2 資本主義経済の発展と問題点

1| **商品経済の形成**　中世末期には商業資本家によって商業資本が蓄積された。
2| **土地囲い込み(エンクロージャー)❶**　18～19世紀，イギリスでは資本主義的農業生産を行うために土地の囲い込みが行われた。この囲い込みにより，多くの農民が都市に流れ，労働力の担い手となった。
3| **産業資本主義の時代**　大土地所有者や富裕層は毛織物工業などで資本を蓄積し，**産業資本家**へと成長。工場を建て，労働者を雇用し，**分業・協業**によって効率的生産活動を行う。これを**工場制手工業(マニュファクチュア)**という。
4| **アダム＝スミス** 重要　18世紀のイギリスの経済学者。1776年，著書『**国富論(諸国民の富)**』の中で，自由な経済活動の必要性を主張。

①**労働価値説**…金銀や貿易差額を蓄積することで富が増えるという**重商主義**の考えを否定し，労働が商品の価値を決めるとした。

②**自由放任政策(レッセ・フェール)**…神の「見えざる手」の働きにより，各個人の自由な経済活動が社会全体の利益になり，適切な配分につながると主張。政府は経済活動には介入するべきではないとした(**古典派自由主義**)。

③**夜警国家**…国家は経済活動に干渉せず，国防・治安・外交などの最低限の活動に専念するべきであるとし，**小さな政府(安価な政府)**を理想とした。ドイツの**ラッサール**は，こうした国家のあり方を批判し，**夜警国家**と呼んだ。

5 産業革命 重要　18世紀後半からイギリスで始まり、**工場制機械工業**の時代を迎えた。工場の効率化・大量生産方式で飛躍的に生産効率が高まり、**資本の蓄積・集中**が進んだ。土地・機械・原材料などの生産手段をもつ資本家階級（ブルジョワジー）ともたない労働者階級（プロレタリアート）の分化が見られた。

6 独占資本主義❷の時代 重要　19世紀になると、少数の巨大企業が資本・生産・市場を支配する時代となった。市場の寡占化が進む中で、産業資本と銀行資本が結合し、**金融資本**が形成されていった。

①**労働問題**…生産手段をもたない労働者は、資本家に低賃金で雇用され、貧富の格差が増大した。また技術革新が進んだため、熟練労働者が必要なくなった工場では、少年工・工女が低賃金で長時間労働させられた。これらは労働条件の改善を求める**労働運動**や**工場法**の制定などにつながった。

②**マルクス**の登場…マルクスは、資本家の富は労働者からの**労働価値の搾取**の結果であると考えた。労働価値の労働者への公平な分配のためには、革命によって**生産手段を国有化**し、労働者によるプロレタリアート独裁を実現すべきであると主張した。

③**帝国主義**❸…市場と原料の供給地を求める独占資本に動かされ、先進工業国の各国（列強）は、植民地獲得競争を展開。**レーニン**は、独占資本主義の段階を「**資本主義の最高段階としての帝国主義**」と呼んで批判。帝国主義的な世界体制は、第一次、第二次世界大戦を発生させる誘因となった。

> **要点** [資本主義経済の成立]
> ・**資本主義経済**…私有財産・営利の追求・商品経済・市場経済
> ・**小さな政府**（**古典的自由主義**）…**自由放任政策**（レッセ・フェール）
> 　→経済的格差の増大と独占資本主義につながる

用語

❶**土地囲い込み（エンクロージャー）**　15〜17世紀半ば、織物市場の拡大による牧羊のため、地主が小作人から耕地をとりあげたこと（第1次）。18世紀には穀物生産のために行われた（第2次）。

❷**独占資本主義**　少数の巨大資本（大企業）およびそのグループが国民経済を支配している段階の経済のこと。帝国主義の直接的な原因とされる。

❸**帝国主義**　資本主義の最高段階は独占資本主義の形態であり、必然的に帝国主義の形態をとるというレーニンの主張に基づいて説明される。国家が生産物の販路を求めて、植民地獲得競争が展開される。

40 資本主義経済の弊害と変容

1 修正資本主義への流れ

1| 資本主義経済の弊害
① **市場の独占化**…19世紀末～20世紀前半にかけて，自由競争が阻害される**独占資本主義**の段階へ。
② **景気変動**…需要と供給の不均衡から好景気と不景気が交互に繰り返すこと。1929年にアメリカから始まった恐慌は世界中を巻き込んだ(世界恐慌)。
③ **貧富の差の拡大**…資本家階級と労働者の階級に分化が進んだ。

2| 修正資本主義
世界恐慌以後，資本主義に政府による経済への介入が求められるようになった。古典的自由主義とは異なる社会自由主義(福祉国家的自由主義)への転換が見られた。

2 混合経済の時代

1| ケインズの経済思想 重要
世界恐慌後の1936年，イギリスの経済学者ケインズは著書『雇用・利子および貨幣の一般理論』の中で，**有効需要の原理**を説き，伝統的な自由放任政策を捨て，政府による積極的な国民経済への介入を主張した。
① **有効需要**…実際の貨幣の支出をともなう需要。一国の経済規模(国民所得)は，貨幣の支出を伴う消費需要と投資需要の総和，すなわち有効需要の大きさで決まるとした。消費＋投資＋政府支出＋純輸出(輸出－輸入)の合計。
② **政府による有効需要の創出**…失業者が増加し，総需要が低下した場合，有効需要の創出と**完全雇用**(働く意思と能力をもつ労働者すべてが雇用されている状態)の達成のために，政府支出で公共事業を行って景気を回復させる。
③ 混合経済…公的経済部門と民間経済部門の併用。修正資本主義の特徴。

2| ニューディール政策 重要
アメリカ大統領フランクリン＝ローズベルトによって行われた世界恐慌の克服政策。
① **福祉国家的施策**…テネシー川流域開発公社(TVA)法，全国産業復興法，全国労働関係法，社会保障法の制定など。労働基本権や社会権の具体的実現のための立法・施策が進んだ。
② 大きな政府…政府が経済や福祉に積極的に介入するさきがけになった。

3 新自由主義の時代

1｜大きな政府から小さな政府への回帰
ケインズ主義的政策で繁栄し豊かになった西側諸国だったが、経済成長しながらも財政赤字を増やしていった。

①**オイル・ショック**…1973年のオイル・ショックで各国経済は打撃を受け、財政赤字は更に増大するようになった。とくに巨額の財政赤字を出すようになったアメリカは、緊縮財政から財政健全化へと転換する必要が出てきた。

②**スタグフレーション**…不況下でインフレが進む現象。先進諸国では賃金は下がりにくく（賃金の下方硬直性）、そのため雇用率は上がらずインフレが進んだ。石油などの一次産品の価格の上昇が先進国の賃金水準や福祉国家的政策と複合しておきることが多く、購買力の低下をもたらす。

2｜新自由主義
市場機構を重視して小さな政府をめざす。1970年代後半から台頭。
→1980年代前半にかけて

3｜フリードマン❶の主張【重要】

①**公共事業の停止**…フリードマンは、公共事業を常用することは、インフレ率を押し上げ、かえって完全雇用を達成できないと主張。スタグフレーションや望ましくない景気変動を招いていると考えた。

②**マネタリズム**…貨幣供給量を経済成長率に合わせて一定に保つように提言。物価の安定に有効で、景気変動を抑えることができると主張。

③**新自由主義的施策**…アメリカではレーガン大統領による**レーガノミクス**❷が進められた。1970年代末に誕生したイギリスのサッチャー政権も、緊縮財政、規制緩和、民営化、社会保障の削減などの新自由主義的政策を進め、**サッチャリズム**と呼ばれた。

④**日本の新自由主義**…中曽根政権の下、三公社（日本電信電話公社、日本専売公社、国鉄）の民営化。小泉政権の下、特殊法人の廃止、郵政の民営化。

> **要点 [ケインズとフリードマン]**
> ・**ケインズ**…政府による**有効需要**の創出、**完全雇用**。**大きな政府**
> ・**フリードマン**…市場機構、自由競争を重視。**小さな政府**

用語

❶**フリードマン** 1912～2006年。アメリカの経済学者。マネタリスト。著書に『選択の自由』『貨幣的安定を求めて』『消費の経済理論』などがある。

❷**レーガノミクス** 供給者の生産意欲を高め、政府の市場介入をできるだけ行わないとする考え方。減税と規制緩和を行い、景気を回復させようとした。

41 社会主義経済の成立と変容

1 社会主義思想

1｜社会主義思想 経済的平等と私有財産制度の否定を掲げ，経済体制を変革しようとする思想。資本主義経済の問題点を克服するものとして主張。

2｜社会主義経済の特徴 重要

①**生産手段の社会的所有**…労働者への公平な分配を目指すことが目的。生産手段を私的に所有する資本家・地主は存在しない。労働力の商品化や利潤の追求が起きず，公平に労働者に分配されると考えられた。旧ソ連のコルホーズ，ソフホーズなどの**農業の集団化**や，中国の**人民公社**などが顕著な例。

②**計画経済**…市場の自動調節機能による資源配分に任せず，政府が資源の配分をすべて計画する。このため景気変動はない。

3｜マルクス 資本主義経済を批判し，労働者の団結による革命により，社会主義社会を建設することを主張した。

①**資本主義批判・分析**…マルクスは『**資本論**』の中で，資本家の得る剰余価値（利潤）は労働者からの労働価値の収奪の結果であるとした。また資本主義社会の詳細な分析・批判，共産主義革命の目的について述べた。

②**マルクスとエンゲルス**…1848年に『**共産党宣言**』を発表。「万国の労働者よ，団結せよ！」と述べてプロレタリア革命を唱えた。

③**科学的社会主義**…エンゲルスは『空想から科学へ』で，マルクス・エンゲルスの社会主義思想を**科学的社会主義**と呼び，それまでの社会主義思想を**空想的社会主義**[1]と呼んで区別した。

4｜社会民主主義 資本主義の矛盾を議会制度によって解消しようとする考え。

①**ベルンシュタイン**…労働者階級が中心となり，議会活動によって社会の改良を図ることを唱えた。主流派から**修正主義**と批判されることがある。

②**フェビアン協会**…1884年，イギリスで設立。議会を通して漸進的に社会主義を実現すべきことを主張した。

2 社会主義国家の誕生

1｜ソ連 1917年，**ロシア革命**。1922年，世界最初の社会主義国家，ソビエト社会主義共和国連邦（ソ連）が成立。

2│社会主義国の拡大 第二次世界大戦後,東欧や東アジア,キューバなどで成立。

3 社会主義諸国の市場経済への移行

1│ソ連 計画経済や生産の非効率性,技術の発展の遅れから経済が停滞した。1960年代に**利潤導入方式**を取り入れ,80年代には**ペレストロイカ**(改革)を推進して経済の活性化を進めたが,失敗。1980年代から90年代にかけて,東欧諸国は市場経済に移行した。1991年にソ連は解体した。
↳利潤率の高さによって報奨金を与えるもの　↳ロシア語

2│中国 重要　社会主義を維持しながら,**改革開放政策**がとられ,市場経済の導入を進めている。

①**経済特区**…外国資本を積極的に導入するため,中国南東沿岸部に設置。

②**社会主義体制下での市場経済**…1990年代に急速に**社会主義市場経済**❷への移行が進む。近年,急激な経済成長を遂げ,世界第2位のGDPに成長。

③**一国二制度**…香港・マカオでは社会主義と資本主義が共存して維持されている。特別な行政区として,大幅な自治権を有する。

④**WTO加盟**…2001年。2005年,**人民元切り上げ**。

3│ベトナム…1980年代から,外国資本の導入と市場経済化をはかる**ドイモイ**(刷新)政策を進め,経済成長を続ける。

要点　[社会主義経済]
- **生産手段の社会的所有**…資本家・地主の不在
- **計画経済**…生産・流通・消費の計画化→景気変動がない
- **市場経済化**…中国の**社会主義市場経済**,
　　　　　　　　ベトナムの**ドイモイ**により急速な経済成長に成功

+α

❶**空想的社会主義** 19世紀初頭に形成された観念的な社会主義思想。みずから紡績工場を経営し,労働条件の改善を図ろうとしたオーウェン(英),宗教的・倫理的立場から労働者を救済しようと考えたサン=シモン(仏),ファランジェと呼ばれる理想の共同社会を考えたフーリエ(仏)など。

❷**社会主義市場経済** 1992年,鄧小平は,共産党全国代表大会で「中国政府の責務は社会主義市場経済を構築することである」と述べ,経済発展を優先し,社会主義経済の下で経済の自由化・市場経済化を断行した。

要点チェック

↓答えられたらマーク　　　　　　　　　　　　　　　　　　わからなければ ↻

- **1** 企業が追求し、最大化しようとするものは何か。　　　　　p.96 **1** 2
- **2** 財やサービスが商品として生産されることにより成り立つ経済を何というか。　　　　　p.96 **1** 2
- **3** 大土地所有者が、農民から取り上げた畑や共有地を柵で囲い、穀物生産のための大農場に転換したことを、何というか。　　　　　p.96 **2** 2
- **4** 各人が自由な経済活動を行えば、神の「見えざる手」によって市場の調節機能が働き、社会全体の利益がもたらされると説いたアダム＝スミスの著書は、何か。　　　　　p.96 **2** 4
- **5** 貿易差額を増やして国富の増大を目指す経済思想は、何か。　p.96 **2** 4
- **6** 人間の労働が価値を生み、労働が商品の価値を決めるという理論を、何というか。　　　　　p.96 **2** 4
- **7** アダム＝スミスが主張した、政府は民間の経済活動に干渉せず、市場の働きに任せるべきであるとする考え方を、何というか。　　　　　p.96 **2** 4
- **8** 国民の経済活動に干渉せず、国防・治安・外交などの最低限の活動に専念するべきであるとする国家観を、何というか。　　　　　p.96 **2** 4
- **9** 産業資本と銀行が結合した資本形態を、何というか。　　　p.97 **2** 6
- **10** 資本主義経済の問題点を解決するために政府による介入が行われる資本主義は、何と呼ばれるか。　　　　　p.98 **1** 2
- **11** 実際の貨幣の支出を伴う需要を、何というか。　　　　　　p.98 **2** 1
- **12** 働く意思と能力をもつ労働者がすべて雇用されている状態を、何というか。　　　　　p.98 **2** 1
- **13** 公的経済部門と民間経済部門が混在しているという意味で、**10**の資本主義は何と呼ばれるか。　　　　　p.98 **2** 1

答え

1 利潤　**2** 商品経済　**3** 土地囲い込み（エンクロージャー）　**4** 国富論（諸国民の富）　**5** 重商主義　**6** 労働価値説　**7** 自由放任主義（レッセ・フェール）　**8** 夜警国家　**9** 独占資本
10 修正資本主義　**11** 有効需要　**12** 完全雇用　**13** 混合経済

要点チェック

- [ ] **14** アメリカのフランクリン＝ローズベルト大統領が行った大規模な公共投資を伴う経済政策を，何というか。 p.98
- [ ] **15** 大きな政府の下での財政赤字を背景に，1970年代後半から台頭してきた市場機構を重視して小さな政府をめざす考え方を，何というか。 p.99
- [ ] **16** 貨幣供給量を経済成長率に合わせて一定に保つことで物価の安定を図り，景気変動を調整するという考えを，何というか。 p.99
- [ ] **17** アメリカのレーガン大統領が1981年から進めた新自由主義的な経済政策を，何というか。 p.99
- [ ] **18** マルクス経済学においては，資本家の得る利潤はだれからの労働価値の収奪の結果と考えられているか。 p.100
- [ ] **19** マルクスやエンゲルスは，オーウェンやサン＝シモンに代表されるそれまでの社会主義思想を，何と呼んで区別したか。 p.100
- [ ] **20** 労働者階級が中心となり，議会活動により社会の改良を図ることを唱えたドイツの社会民主主義者は，だれか。 p.100
- [ ] **21** マルクス主義を批判し，議会を通して漸進的に社会主義を実現すべきことを強調したイギリスの社会主義団体は，何か。 p.100
- [ ] **22** 社会主義経済を進めてきたソ連では，1980年代に入ると非能率な官僚主義や計画経済による品質低下などに対する改革が進められた。この改革を，ロシア語で，何というか。 p.101
- [ ] **23** 大幅な私有財産権の容認や開放経済化が進んでいる中国の経済体制は，何と呼ばれているか。 p.101
- [ ] **24** 中国は社会主義体制をとるが，香港・マカオで返還前と同じ資本主義経済制度が維持されている国のしくみを何と呼んでいるか。 p.101
- [ ] **25** ベトナムで1980年代後半に打ち出された，経済自由化をめざす政策を，何というか。 p.101

答え

14 ニューディール政策　**15** 新自由主義　**16** マネタリズム　**17** レーガノミクス
18 労働者　**19** 空想的社会主義　**20** ベルンシュタイン　**21** フェビアン協会
22 ペレストロイカ　**23** 社会主義市場経済　**24** 一国二制度　**25** ドイモイ（刷新）

42 家計・企業・政府の役割

1 経済主体

経済活動に参加する単位として、次の3つの**経済主体**がある。

1│家計

①**所得と消費**…財・サービスを消費する経済主体。同時に企業や政府に対して労働力を提供し、賃金(労働所得)を得る。**効用**❶(消費により得られる満足の度合い)の最大化をめざす。

②**可処分所得**…家計の得た所得のうち、租税や社会保険料などを除いたもの。可処分所得は消費に割り当てられ、残りは**貯蓄**される。

　　　可処分所得＝所得－(租税＋社会保険料)＝消費支出＋貯蓄

可処分所得に対する消費支出の割合を**平均消費性向**という。

③**エンゲル係数**…家計の消費支出に占める食料費の割合。所得が高くなるほど、エンゲル係数は低くなる傾向がある。生活水準をはかる指標の1つ。

2│企業 重要
資本の提供を受けて労働者を雇用し、生産財の購入などの**設備投資**❷を行い、**財・サービス**の生産を行う。

①**生産活動の主体**…財・サービスを生産し、市場で販売する経済主体。

②**目的**…企業の目的は、**利潤の最大化**である(営利活動)。

　　　利潤＝総売上額－費用(労働者の賃金＋原材料費)

③**企業の種類**…国や地方公共団体が出資し、経営する**公企業**、民間の出資・経営による**私企業**、政府と民間の共同出資による**公私合同企業**に大別される。私企業の代表としては**株式会社**がある。

3│政府
家計・企業から租税と社会保険料を徴収し、公共事業などにより公共財を**社会資本(インフラストラクチャー)**❸として整備し、警察・消防・教育・医療などの公共サービスを提供する。また社会保障給付を行う。

要点 [経済主体]
- **家計**…消費活動を行う主体。効用の最大化をめざす
- **企業**…生産活動を行う主体。利潤の最大化をめざす
- **政府**…財政活動を行う主体。公共財や公共サービスを提供する

2 経済循環

1 経済循環 重要
家計・企業・政府という3つの経済主体の間では、財・サービス・貨幣が流通する。この流れを**経済循環**という。

① **家計と企業**…家計は企業に労働力・資本・土地を提供し、所得（賃金・利子・配当・地代）を得る。同時に家計は財・サービスを購入し、企業に代金を支払う。

② **企業と政府**…企業は政府に租税を納める一方、補助金などを受け取る。また政府は財・サービスを購入し、代金を支払う。

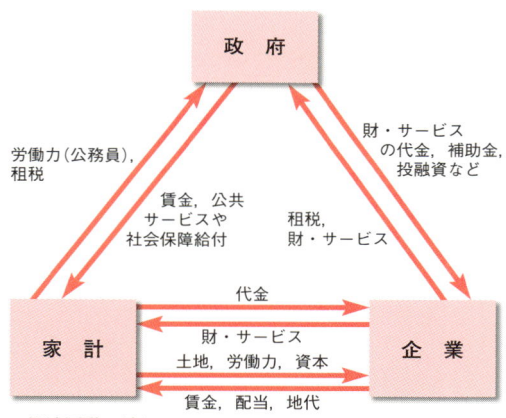

▲経済活動の流れ

③ **政府と家計**…家計は政府に租税を納め、政府から社会保障給付金を受け取る。また、政府は家計から労働力（公務員）を得て、賃金を支払う。

2 政府と経済循環 重要
政府は財政活動の主体であり、政府の経済活動は国民経済において大きなウェイトを占める。

① **社会資本の整備**…政府は家計や企業から租税を受け取り、営利企業では行うことが難しい道路・公園などの社会資本を公共事業を通じて整備。社会資本の整備を通じて国民の経済活動の土台をつくることを目的とする。

② **公共サービス**…営利企業では安定した供給に問題があるようなサービス（警察、消防、水道など）を提供する。

用語
❶ **効用** 消費の目的。消費者は、制約された予算の中で効用を最大化するように行動するとされる。

❷ **設備投資** 企業が、工場や事務所などの施設の新築や改築、また、新しい機械や器具の購入、ソフトウェア開発などに資金を投入すること。

❸ **社会資本（インフラストラクチャー）** 国民福祉、国民経済の発展のために整備される公共財。国民生活・経済の基盤。

43 企業の種類と社会的責任

1 企業の種類

1｜私企業　民間からの出資による企業。大きく分けて個人企業と法人企業に分けられる。法人企業は，組合企業と**会社企業**からなる。

2｜会社企業の種類

株式会社	**有限責任の株主**（1人以上）によって設立。主に株式によって資本調達。
合資会社	**無限責任社員**と有限責任社員（各1人以上）によって設立。
合名会社	無限責任社員（1人以上）によって設立。
合同会社	2006年，**会社法**❶ の改正によって廃止された有限会社に代わって新設。**有限責任社員**（1人以上）によって設立。

①**社員**…株式会社，合資会社，合名会社，合同会社における出資者のこと。
　↳従業員のことではない
②**有限責任社員**…会社の負債に対して，出資額以上の弁済の義務はない。
③**無限責任社員**…会社の負債に対して，無限の責任を負う。

3｜公企業と公私合同企業

①**公企業**…国や地方公共団体が出資して設立した企業のこと。国営企業，公社，公庫，独立行政法人，地方公営企業など。
②**公私合同企業**…国や地方公共団体と民間の共同出資で設立した企業のこと。第三セクターともいう。

2 株式会社

1｜株式会社　証券会社を通じて**株式**を発行し，集めた資本金で設立・運営される。現代の企業の大部分が株式会社。

2｜上場　証券市場で株式の売買ができるようにすること。上場が認められるには，証券取引所が定める上場基準を満たし，上場審査に合格する必要がある。

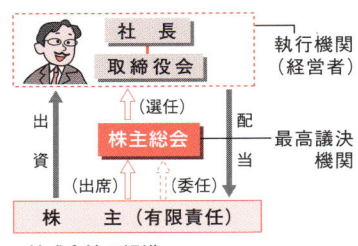

▲株式会社の組織

8章 現代経済のしくみ

3｜株式会社のしくみ 重要
① **株主**…株式の所有者。会社の利益に応じて**配当**❷を受け取る権利がある。
② **株主総会**…株式会社の最高議決機関。所有者である株主が1株1票の議決権をもつ。ここで経営方針の決定や役員の選任を行う。株式会社の経営は，株主総会で選出された**取締役**が行う。監査役は会計などを監査する。

4｜所有と経営の分離
会社の所有者と経営者が異なること。

> **要点**
> [所有と経営の分離]
> ・会社の所有者…**株主**。株主総会で1株1票の議決権をもつ
> ・会社の経営者…取締役。**株主総会**で選出される

3 現代の企業活動と企業の社会的責任

1｜現代の企業形態
① **コングロマリット**…**合併・買収（M&A）**を繰り返し，多数の異業種合併によって生まれる複合企業が見られる。
　↳Merger and Acquisition
② **多国籍企業**…複数国に生産・流通・販売拠点をもち，世界的規模で経営を行う。

2｜企業倫理 重要
① **コンプライアンス（法令遵守）**…法令・社会規範・企業倫理を遵守すること。近年，食品の偽装などが相次いだ中，強く求められるようになった。
② **コーポレート・ガバナンス（企業統治）**…経営者による不正会計などの不祥事が相次いだため，企業が**利害関係者**（ステークホルダー）の利益に反するような行動をとらないよう，株主などが経営を監視すること。情報公開（**ディスクロージャー**）の実現などもこれに含まれる。

3｜企業の社会的責任（CSR）重要
Corporate Social Responsibility
① **社会的貢献活動**…**メセナ**（文化・芸術への支援活動）や**フィランソロピー**（環境・医療などへの寄付・奉仕・慈善活動）など。
② **環境保全**…環境に配慮している企業であることを示す環境ISOの取得や，**グリーン購入法**による環境に負荷の少ない物品の購入などが推進されている。

用語

❶ **会社法**　会社関連法規を整理統合し，制定。有限会社の新設を廃止し，**合同会社**が新設された。会社設立を容易にしたが，企業統治について強化を求めている。

❷ **配当**　企業が利益の一部を株主に還元するための分配金。利益が増えると配当が増え，利益が減ると配当は減る。利益が少なければ配当を得られない場合がある。

44 市場経済の機能と限界

1 価格機構

1｜市場と需給関係 重要
①**市場**…財・サービスについての買い手の需要と売り手の供給が出会う場。

②**均衡価格**…**需要**と**供給**が一致した時の価格。需要が供給を上回れば、価格は需要と供給が一致するまで上昇する。反対に、供給が需要を上回れば、価格は需要と供給が一致するまで低下する。

③**価格の自動調節作用**…財やサービスの需要量と供給量を自動的に調整する価格の作用のこと。

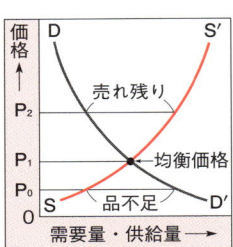

▲需要曲線と供給曲線

2｜市場機構
価格の自動調節作用は**市場機構**（価格機構・市場メカニズム・価格メカニズム）とも呼ばれる。アダム＝スミスの神の「**見えざる手**」という語句は「市場機構」と同じ意味で使われる場合がある。

3｜完全競争市場
市場機構が十分に機能するためには、**完全競争市場**の下での取引が前提となる。完全競争市場とは、①市場に多数の売り手と買い手が存在し、②財（商品）の質が同じであり、また、③売り手と買い手の双方が価格などの商品に関する十分な情報をもち、④市場への新規参入や撤退が自由な市場のこと。

2 寡占・独占

1｜寡占・独占の形成
少数の企業に市場が支配される状態が形成される。
①**寡占**…市場がごく少数の企業によって支配されている状態。
②**独占**…市場が一社によって支配されている状態。

2｜独占の形態 重要
市場を支配する企業結合は、**独占禁止法**[1]で規制される。公正取引委員会が運用。

①**カルテル**…同業企業間の協定を結んで価格・供給量を決定する形態。
　└→企業連合

②**トラスト**…独占的な企業をつくりだし、市場におけるシェア（**市場占有率**）を高めるために合併・統合すること。またその形態。
　└→企業合同

③**コンツェルン**…**持株会社**[2]が同業種・異業種を問わず、株式を通じて傘下に置き、支配する独占企業の結合体。戦前の日本の**財閥**もこれにあたる。
　└→企業連携

3 | 独占の弊害

①**管理価格**…最有力企業が**プライス・リーダー**(**価格先導者**)となり設定する価格。他社はこの価格に追随することがある。

②**価格の下方硬直性**(かほう)…企業間の価格競争が弱まると,生産費用が低下しても価格は下がりにくい傾向が見られる。携帯・スマートフォン市場など。

③**非価格競争**…広告・宣伝など,価格以外の面での競争のこと。自動車や通信機器などの寡占市場では,品質・デザイン等による競争が激化している。

3 市場の失敗

1 | **市場の失敗** 重要 市場機構が有効に機能しない状態のこと。

2 | 市場の失敗の例

①**競争の不完全性**…寡占・独占など。**独占禁止法**により規制。

②**自然独占**…複数の企業で財・サービスを提供するよりも1つの企業が行うほうが低コストで供給できる場合に,その市場で形成される独占のこと。電力や鉄道など,規模が拡大するほどコストが低下する事業で形成されやすい。

③**公共財・公共サービス**…多くの人が同じ財・サービスを共同で利用するため,対価を支払わないで利用する人(**フリーライダー**)を排除できないような財・サービスのこと。公園・道路・消防・警察など。

④**外部効果**…経済主体が市場を経由せずに,他の経済主体の行動に影響を与えてしまうこと。公害や原発事故のように,外部効果がマイナスに働く場合は**外部不経済**,プラスに働く場合は**外部経済**という。

⑤**情報の非対称性**…市場取引を行う際,売り手と買い手との間で商品についての情報量に格差があること。

> **要点** [市場の失敗]
> 競争の不完全性(寡占・独占),自然独占,**公共財・公共サービス**,
> **外部不経済・外部経済**,情報の非対称性

+α

❶**独占禁止法** 私的独占や不当な取引,不公平な取引を禁止する法律。違反した場合,公正取引委員会が行政処分または命令を下す。

❷**外部経済の例** 養蜂場と果樹園が隣接する場合。ミツバチが受粉を助ける一方,果樹から蜜を得るためハチミツの生産が高まる。

45 国民所得と国富

1 国富と国民所得の構成

1| 国民経済の規模を示す指標
①**ストック**…ある時点で蓄積された資産の総量。**国富**や家計や企業の金融資産。
②**フロー**…ある一定期間で生み出されたの経済活動の成果。**国民所得**など。

2| 国富と国民所得
①**国富**…実物資産(土地・住宅・工場など)と**対外純資産**❶の合計。
②**国民所得**…1年間に生産された財・サービスの**付加価値**の合計。

3| 国民所得の構成 重要

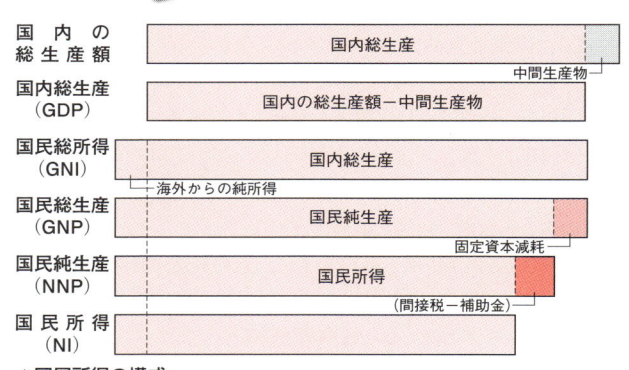

国内の総生産額	国内総生産		中間生産物
国内総生産(GDP)	国内の総生産額−中間生産物		
国民総所得(GNI)	(海外からの純所得) 国内総生産		
国民総生産(GNP)	国民純生産	固定資本減耗	
国民純生産(NNP)	国民所得	(間接税−補助金)	
国民所得(NI)			

▲国民所得の構成

①**国内総生産(GDP)**…1年間に国内で生産された付加価値の合計。経済規模を表すのによく使われる。
 ↳Gross Domestic Product

国内総生産(GDP)＝国内の総生産額−中間生産物の価額
 ↳原材料や燃料など

②**国民総所得(GNI)**…1年間に国民が国内外で得た所得の合計額。GNPに代
 ↳Gross National Income
わって使われるようになった。GNPが生産面からみた指標であるのに対して、GNIは分配(所得)面からみた指標である。GNPとGNIは、物価の変動分を修正しない名目値では等しくなる。

国民総所得(GNI)＝国内総生産(GDP)＋海外からの純所得

③**国民総生産(GNP)**…国民が国内外で1年間に生産した付加価値の合計。
 ↳Gross National Product

GDPに「海外からの純所得」を加えて算出される。

国民総生産(GNP)＝GDP＋海外からの純所得

国民総生産は名目上，国民総所得と同額。実質でも国民総所得とほぼ同額。また，国民総支出(GNE)はGNPを支出面からとらえたものである。
　　　↳Gross National Expenditure

④**国民純生産(NNP)**…国民が国内外で1年間に生産した純付加価値の合計額。
　　　　　　↳Net National Product
国民総生産から**固定資本減耗(減価償却費)**[2]を差し引いて算出。

国民純生産(NNP)＝国民総生産(GNP)－固定資本減耗(減価償却費)

⑤**国民所得(NI)**…国民純生産から間接税を差し引き，政府補助金を加えて算出。
　　　↳National Income

国民所得(NI)＝国民純生産(NNP)－間接税＋補助金

＊広義にはGDPやGNI，GNP，NNP，NIをすべて含めて国民所得と呼ぶが，指標の1つの国民所得(NI)と語句が全く同じであるため，注意が必要である。

2 国民所得の原則

1 三面等価の原則 重要

国民所得は**生産・分配・支出**の三面から捉えられる。これらは国民所得をそれぞれ別の側面から見たものであり，それぞれの大きさは等しい。

①**生産国民所得**…生産面から見た国民所得。生産した付加価値の合計額。
②**分配国民所得**…分配面から見た国民所得。全主体に分配された所得の合計額。
③**支出国民所得**…支出面から見た国民所得。全主体の支出の合計額。

2 国民所得と福祉

①**国民純福祉(NNW)**…GNPに主婦労働や余暇，ボランティアなど，市場で取
　　　　　↳Net National Welfare
引されない活動を加える。同時に環境破壊や都市化の損失を差し引いて算出。

②**グリーンGDP**…GDPから固定資本減耗を差し引き，さらに環境破壊などによる経済的損失を差し引いたもの。算出の基準がまだあいまいな部分がある。

> **要点**
> [国民所得] **三面等価の原則**…生産＝分配＝支出
> [豊かさの指標] **国民純福祉(NNW)**，**グリーンGDP**など

用語

❶**対外純資産** 日本が外国に保有する資産(対外資産)から，外国から国内への投資(対外負債)を差し引いたもの。

❷**固定資本減耗(減価償却費)** 機械や設備などの固定資本は，生産のたびに損傷し，その価値が減っていく。この減耗分の金額を減価償却費という。

46 経済成長と景気循環

1 経済成長

1. **経済成長** 一国の経済規模が一定期間内に拡大すること。
2. **経済成長率** 国内総生産(GDP)の対前年伸び率で表される。
3. **名目経済成長率** 物価水準の変動に関係なく、**名目GDP**を用いて算出。

$$名目経済成長率 = \frac{比較年の名目GDP - 基準年の名目GDP}{基準年の名目GDP} \times 100$$

4. **実質経済成長率** 重要 物価変動の影響を考慮し、**実質GDP**を用いて算出。
   ① **GDPデフレーター**…物価変動の指標。ある基準年の物価を100とした場合の値。次の年の物価が3%上昇した場合、GDPデフレーターは103の値をとる。
   ② **実質GDP**…名目GDPをGDPデフレーターで割って、100をかけて求める。

$$実質GDP = \frac{名目GDP}{GDPデフレーター} \times 100$$

   ③ **実質経済成長率**…実質GDPを用いて計算し、実質経済成長率を求める。

$$実質経済成長率 = \frac{比較年の実質GDP - 基準年の実質GDP}{基準年の実質GDP} \times 100$$

2 景気循環

1. **景気循環(景気変動)** 重要 周期的な繰り返しが見られる景気の動き。経済活動は、**好況期→後退期→不況期→回復期**の4つの局面を1つの周期として繰り返す。
   ① **好況期**…生産・消費・投資が拡大。商品価格が上昇。利潤・所得が拡大。
   ② **後退期**…商品価格が下落に転じる。投資や消費が縮小し始める。
   ③ **不況期**…消費・投資が落ち込み、企業倒産の増加や失業率が上昇。
   ④ **回復期**…消費・投資が伸び始め、拡大に転じる。

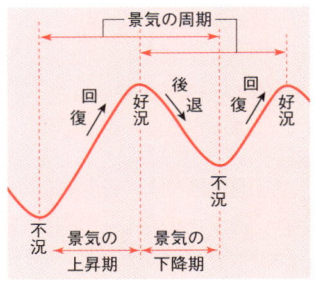

▲景気循環の局面

2. **景気循環のメカニズム** 供給超過と在庫の増加により説明される。

①**好況期から後退期**…好況期の投資の増加は生産を拡大させるが，やがて超過供給が見られるようになり，商品の売れ残り（在庫）が増える。利潤は減少し，**後退期**に入る。

②**不況期**…生産縮小に伴い失業者が増加。投資・消費も冷え込み，**不況期**に突入。

③**回復期から好況期**…在庫品の処分や設備縮小に伴い企業の経営状態が改善すると，需要の増加に合わせて徐々に投資が試みられるようになり，**回復期**が訪れる。そしてまた，生産・雇用の拡大が進む。

3│景気循環の波 変動周期の長さによって，次の4つに分類される。

①**キチンの波**…40か月周期。在庫投資の変動による。

②**ジュグラーの波**…7〜10年周期。設備投資の変動による。

③**クズネッツの波**…15〜25年周期。建築・住宅投資の変動による。

④**コンドラチェフの波**…50〜60年周期。技術革新による。

> **要点** [景気循環]
> ・**好況期**…生産・利潤・所得・投資の拡大
> ・**後退期**…在庫の増加と生産・投資の縮小，失業率の増加
> ・**不況期**…消費・投資が冷え込み，失業率がさらに上昇
> ・**回復期**…在庫処分などによる企業の経営改善，新たな投資の試み

3 景気循環と恐慌・バブル

1│恐慌 景気の急激な後退のこと。金融不安などから経済活動が急速な収縮・混乱を見せる。予兆はいくつもあるが，好況時に突然発生することが多い。1929年の世界恐慌，2007年の世界金融危機など。

2│バブル経済（バブル景気） 好況期に，金融市場や不動産市場に通貨が大量に流れ込むことでおこる。生産・設備投資の実情や消費水準などの**実体経済**❶に見合わない投資・投機的活動が引きがねとなり，日本では1986〜91年にかけて発生した。バブルの語源は，18世紀の**南海泡沫事件**❷（サウス・シー・バブル）。

用語

❶**実体経済** 商品・サービスの販売など，具体的な対価をともなう経済活動のこと。

❷**南海泡沫事件** 1720年にイギリスでおこった南海会社の株価の急騰と大暴落を契機とするイギリスの大恐慌。泡（Bubble）のようにすぐ消えた泡沫会社が続発したことから，「バブル」の語源となる。

要点チェック

↓答えられたらマーク　　　　　　　　　　　　　　　　　　　　わからなければ⤴

- **1** 家計の得た所得のうち，租税や社会保険料を除いたものを，何というか。　p.104
- **2** 可処分所得に対する消費支出の割合を，何というか。　p.104
- **3** 家計の消費支出に占める食料費の割合を，何というか。　p.104
- **4** 企業が，工場の建設や新しい機械の導入などに資金を投入することを，何というか。　p.104
- **5** 営利追求を目的とし，民間が出資・経営する企業は，何か。　p.104
- **6** 公共事業などによって整備される公共財を，何というか。　p.104
- **7** 2006年の会社法の改正により廃止された有限会社に代わって新設された会社企業は，何か。　p.106
- **8** 無限責任社員と有限責任社員によって設立される会社企業は，何か。　p.106
- **9** 国や地方公共団体と民間の共同出資で設立された会社企業を，何というか。　p.106
- **10** 企業が証券取引所で株式取引を開始することを，何というか。　p.106
- **11** 株式の所有者を，何というか。　p.107
- **12** 株式会社の最高議決機関は，何か。　p.107
- **13** 会社の所有者と経営者が異なることを，何というか。　p.107
- **14** M&Aを繰り返し，多数の異業種合併によって生まれる複合企業を，何というか。　p.107
- **15** 近年，企業には法令・社会規範・企業倫理を守ることが求められているが，これを何というか。　p.107
- **16** 企業が利害関係者の利益に反するような行動をとらないよう，株主などが経営を監視することを，何というか。　p.107

答え

1 可処分所得　**2** 平均消費性向　**3** エンゲル係数　**4** 設備投資　**5** 私企業　**6** 社会資本（インフラストラクチャー）　**7** 合同会社　**8** 合資会社　**9** 公私合同企業（第三セクター）　**10** 上場　**11** 株主　**12** 株主総会　**13** 所有と経営の分離　**14** コングロマリット　**15** コンプライアンス（法令遵守）　**16** コーポレート・ガバナンス（企業統治）

- ☐ **17** 企業が行う文化・芸術への支援活動を，何というか。 p.107
- ☐ **18** 企業が行うボランティア活動などの慈善事業を，何というか。 p.107
- ☐ **19** 需要と供給が一致した時の価格を，何というか。 p.108
- ☐ **20** 市場がごく少数の企業によって支配されている状態を，何というか。 p.108
- ☐ **21** 私的独占や不当な取引などの市場を支配する企業結合を禁止する法律は，何か。 p.108
- ☐ **22** 最有力企業がプライス・リーダーとなって設定する価格を，何というか。 p.109
- ☐ **23** 市場機構が有効に働かないことを，何というか。 p.109
- ☐ **24** 市場を経由せずに他の経済主体に不利益を与えてしまうことを何というか。 p.109
- ☐ **25** 国富など，ある一時点での蓄積された資産の概念を，何というか。 p.110
- ☐ **26** 国富は，実物資産と何の合計か。 p.110
- ☐ **27** 1年間に国内で生産された付加価値の総額は，何か。 p.110
- ☐ **28** 1年間に国民が国内外で得た所得の合計額は，何か。 p.110
- ☐ **29** 国民総生産から固定資本減耗(減価償却費)を差し引いたものを，何というか。 p.111
- ☐ **30** 国民の豊かさを示す指標として，GNPに余暇や家事労働を換算して加え，同時に環境破壊や都市化による損失を差し引いて算出したものを，何というか。 p.111
- ☐ **31** 経済成長率のうち，物価水準の変動を考慮したものは，何か。 p.112
- ☐ **32** 15~25年周期でくり返される建築・住宅投資による景気循環の波を，何というか。 p.113
- ☐ **33** 50~60年周期でくり返される技術革新による景気循環の波を，何というか。 p.113

答え

17 メセナ **18** フィランソロピー **19** 均衡価格 **20** 寡占 **21** 独占禁止法 **22** 管理価格 **23** 市場の失敗 **24** 外部不経済 **25** ストック **26** 対外純資産 **27** 国内総生産（GDP） **28** 国民総所得（GNI） **29** 国民純生産（NNP） **30** 国民純福祉（NNW） **31** 実質経済成長率 **32** クズネッツの波 **33** コンドラチェフの波

47 財政のしくみと働き

1 財政の役割

1│財政 国や地方公共団体が行う経済活動のこと。国や地方公共団体は、租税を徴収し、行政サービスを提供するなど、民間の経済活動を補っている。

2│財政の機能 重要 　財政には、次の3つの機能がある。

①**資源配分の機能**…市場経済では適切に供給できない公共財・公共サービスを供給する。治安維持や道路などのインフラ整備、国防や外交など。

②**所得再分配の機能**…高所得の人に高く課税し、低所得の人に低く課税(**累進課税**)して所得格差を是正。また、社会保障を通じて再分配を行う。

③**景気調整の機能**…景気を安定させる、または底上げするなどの目的で財政支出を増減する**フィスカル・ポリシー**(裁量的財政政策)を行う。
・好況期…増税や公共事業を減らすことにより、**有効需要**を抑制する。
・不況時…減税や公共事業を増やすことにより、有効需要を拡大する。
また、累進課税や社会保障には景気を安定させる機能がある。

3│自動安定化装置(ビルトイン・スタビライザー) 景気の変動を自動的に安定化させる財政の機能。高所得者に高く課税し、低所得者に低く課税する**累進課税**(制度)や社会保障制度を通じて、有効需要が調整される。

①**好況時**…高所得の個人・法人が増えることで、納める人の税額が上昇し、実質的増税になり、景気の過熱を抑える。一方、失業給付などの社会保障費は減少し、財政支出の縮小と同じ効果がある。

②**不況時**…不況で企業や家計の所得は減るが、自動的に累進課税のしくみで減税となる。また、社会保障給付が増加する。

4│ポリシー・ミックス (→p.125) 財政政策・金融政策を一体的に運用し、景気を調整すること。

要点 [財政の機能]
・**資源配分の機能**…公共財や公共サービスの提供
・**所得再分配の機能**…累進課税や社会保障制度による所得格差の是正
・**景気調整の機能**…フィスカル・ポリシーによる有効需要の調整

8章 現代経済のしくみ

2 日本の財政

1｜一般会計 重要　政府の収入と支出を総合的に管理したもの。一会計年度の収入を**歳入**，支出を**歳出**という。歳入と歳出の見積もりを示したものが**予算**。

①**歳入**…租税による収入が中心。歳出を賄うには不足した場合，**国債**を発行して歳出費用を調達。このため**公債依存度**が高い。（→p.119）

| 歳入 | 公債金 49.0% | 租税・印紙収入 46.9 | その他4.1 |

(国税庁資料)

②**歳出**…歳出のうち，国債の償還（返済）と利払いにかかる費用である国債費と地方交付税交付金を除いたものを一般歳出という。なお，2013年度の歳出は，社会保障関係費・国債費・地方財政関係費で7割を超えている。

| 歳出 | 社会保障関係費 29.2% | 国債費 24.3 | 地方財政関係費 18.4 | | | その他 11.2 |

公共事業関係費5.1／防衛関係費5.2／文教及び科学振興費6.0／恩給関係費0.6

▲一般会計の歳入と歳出の内訳（2012年度）

③**基礎的財政収支（プライマリー・バランス）**…歳入の税収部分と，歳出の国債費を除いた部分の収支バランス。国債費を除いた歳出を税収だけで賄えているかどうかの指標である。**財政健全化**にむけて，2020年までに黒字化する目標が立てられている。

④**補正予算と暫定予算**…年度途中に予想外の事態に対応するために組まれる予算を補正予算という。また，年度当初に予算議決ができない時に，本予算成立までの経過措置として組まれる予算を暫定予算という。

⑤**決算**…歳入と歳出の実績。決算は，**会計検査院**の検査を受ける。

2｜特別会計　一般会計とは独立した管理運営がなされ，目的別に予算が組まれている。東日本大震災後，東日本大震災復興特別会計が組まれた。

3｜財政投融資（計画）　国が財投債（国債の一種）を発行し，特殊法人などの財投機関に融資するもの。「第二の予算」とも呼ばれる。2001年に改革された❶。

4｜政府関係機関予算❷　政府が全額出資し，省庁から独立して運営される機関（公庫，銀行等）に関する予算。国会の議決を得る必要がある。

+α

❶**財政投融資改革**　2000年までは政府が郵貯・年金などを原資として財投機関に融資していたが，2001年に財投債の発行を中心とした資金調達法に転換。また，財投機関である公庫・公社が**財投機関債**を発行して資金調達することになった。

❷**政府関係機関予算**　現在，沖縄振興開発金融公庫，日本政策金融公庫，国際協力銀行，国際協力機構（有償資金協力部門）が対象。

48 租税と公債

1 租税

1｜租税の意義と役割　財政収入は本来国民の負担する租税による。課税は国会のみの権限であり、法律の定めを必要とする。これを租税法律主義という。

2｜直接税と間接税 重要　納税者と税負担者が同一かどうかで区分。　→担税者

① **直接税**…納税者と税負担者が同じ。
　（例：所得税、法人税、相続税）
② **間接税**…納税者と税負担者が違う。
　（例：消費税、酒税、たばこ税、関税）
③ **直間比率**…租税収入における直接税と間接税の割合。戦前は間接税の比率が高かったが、戦後の1949年、シャウプ勧告を受けて直接税中心主義に改められた。しかし、1989年の消費税の導入以降、間接税収入の比率は上昇する傾向にある。

▲国税の内訳（2012年度当初予算）
総額45.28兆円　直接税57.2%／間接税等42.8%
所得税29.8%、法人税19.5、相続税3.2、その他4.7、消費税23.0、揮発油税5.8、酒税3.0、印紙収入2.3、その他8.7　（財務省資料）

3｜国税と地方税　納付先による区分。

① **国税**…納付先は国。所得税、法人税、相続税、贈与税、消費税、酒税、たばこ税、関税など。
② **地方税**…納付先は地方公共団体。道府県民税、自動車税（道府県）、軽自動車税（市町村）、事業税、道府県・市町村たばこ税など。
③ **地方分権と税制**…2000年代の地方分権化・三位一体改革は財源移譲を中心に実施された。所得税（国税）と住民税（地方税）の税率の変更を実施。

4｜租税の基本原則 重要　公平・中立・簡素の3つ。

① **垂直的公平**…所得に応じた負担になるよう、税率を変えることで実現を目指す。高所得者は高い税率、低所得者は低い税率の負担になる（累進課税）。消費税などの間接税は、所得格差が考慮されず、相対的に低所得者の負担が重くなる逆進性があるといわれる。
② **水平的公平**…所得が同じであれば、租税負担も同じになること。所得税は業種により徴収方法が異なるため、**税負担の不公平**❶ が生じている。

③**中立であること**…課税が個人・企業の経済活動の妨げにならないようにすること。課税のために業種や主体によって競争が不利になったりしないこと。

④**簡素であること**…課税・納税の手続きが分かりやすく徴税経費が少ないこと。

> **要点**
> [租税の基本原則]
> ・**公平** ┏ **垂直的公平**…所得に応じた租税負担となること
> 　　　　 ┗ **水平的公平**…同じ所得であれば、同じ租税負担となること
> ・**中立**…課税が個人・企業の経済活動の妨げにならないこと
> ・**簡素**…課税・納税の手続きがわかりやすいこと

2 公債

1│公債の種類と発行の原則 重要

税収で歳出が賄えない場合に国・地方自治体は**公債**を発行して不足する収入を補う。公債には、国が借金をするために発行する**国債**や、地方自治体の発行する**地方債**がある。

①**建設国債**…公共事業費を賄うための国債。1965年から発行され始めた。

②**特例国債**(**赤字国債**)…本来、**財政法**で禁止されているが、**財政特例法**を制定して発行する。第1次石油危機後の1975年からほぼ毎年発行されている。

③**地方債**…**地方財政法**で規定。地方債を発行する際には総務大臣や知事との協議、届出が必要とされていたが、2012年度には地方債協議制度が見直され、一定の基準を満たす地方公共団体については、事前届出のみとなった。

④**市中消化の原則**…日本銀行が公債を直接引き受けることはできない。
　└→財政法第5条

2│公債発行の問題点

①**財政の硬直化**…日本の国債依存度は大きい。国債費が膨張し他の予算が圧迫されると、財政の正常な働きを阻害し、財政の資源配分機能が低下する。

②**金利の上昇**❷…公債発行により金利が上昇し、民間企業の借入が困難となる。

③**世代間の不公平**…公債返済のための負担を次世代に先送りすることになる。

+α

❶**税負担の不公平** 業種により所得税の徴収方法が違い、所得の捕捉率に差がある。給与所得者は10(9)割、自営業者と農業者はそれぞれ5(6)割、3(4)割。トーゴーサン(クロヨン)といわれる。

❷**金利の上昇** 累積債務残高が増え続けると償還(返済)不能と判断されて国債の信用が揺らぐ。信用が揺らぐと金利が上がり、利払いが増える。その場合、財政破綻の危険が指摘されている。

49 金融のしくみと働き

1 貨幣と通貨

1│貨幣の機能 重要
①**価値尺度**…財・サービスの価値を表示する機能。
②**価値貯蔵手段**…**貨幣**を貯蔵することで，将来必要な財・サービスを得るのに必要な価値を貯蔵する機能。
③**交換手段**…財・サービスの交換を仲立ち・媒介する機能(**交換の媒介**)。
④**支払い手段**…現金を動かさずに信用取引を決済させる機能。公共料金の自動引き落としや，クレジットカードの支払いなど。

2│通貨の分類　現在流通している貨幣を**通貨**という。
①**現金通貨**…日本銀行の発行する日本銀行券(紙幣)と政府発行の硬貨がある。
②**預金通貨**…要求払い預金(**流動性預金**❶)。いつでも支払いに利用できる普通預金や当座預金など。一定期間引き出せない定期性預金は預金通貨に入らない。

2 金融のしくみと働き

1│**金融**　資金を必要とする人と，資金を貸したい人との間で資金が融通されること。資金を融通することを**融資**という。
①**金利**…資金の借り手が貸し手に支払う元金に対する**利子**(利息)の割合。
②**金利のしくみ**…資金の借り手が増えれば金利は上昇し，借り手が減れば金利は下落するという需給関係がある。また，借り手の信用度(返済能力)が高ければ金利は低下し，信用度が低ければ金利は上昇する。
③**金融機関**…銀行や信用金庫・信用組合・証券会社・保険会社・ノンバンクなど。

2│金融の種類
①**直接金融**…現金の所有者から直接資金を調達する。企業の株式・社債の発行による資金調達など。
②**間接金融**…所有者が銀行に預けた現金を銀行が貸し出すなど，現金の所有者と借り手の間に仲介が入る。銀行による**信用創造**が起こる。(→p.121)

3│企業の調達資本　企業が調達する資金は返済の義務によって分類できる。
①**自己資本**…株式の発行で調達した資金と，**内部留保**や減価償却などによる内部資金からなる。返済の義務がない純資産である。

②**他人資本**…社債の発行や銀行からの借り入れで得た資金。返済の義務がある負債である。

3 銀行の役割と機能

1 銀行の業務 重要
①**預金業務**…預金として資金を預かる。
②**貸出業務**…預金を元手に,貸し付けや,**手形割引**❷を行う。
③**為替業務**…振り込み,振り替えによる送金,手形,小切手を使った支払い。

2 銀行の信用創造 重要
①**信用創造**…銀行が集めた預金を元手に預金と貸出を連鎖的に繰り返すことで預金通貨が増えていくしくみ。銀行は預金を**預金準備率**(支払い準備率)の分だけ残して,他をすべて貸し出す。これを繰り返すと本源的預金(当初の預金)の何倍もの預金通貨がつくりだされる。

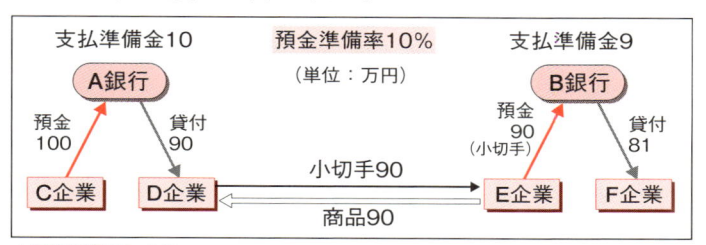

```
支払準備金10        預金準備率10%        支払準備金9
    A銀行             (単位：万円)            B銀行
  預金    貸付                          預金      貸付
  100     90                          90        81
                                     (小切手)
  C企業 → D企業 ── 小切手90 ──→ E企業    F企業
              ←── 商品90 ──
```

▲信用創造のしくみ

②**信用創造額**…信用創造の総額は以下の式で求められる。

信用創造額＝本源的預金÷預金準備率－本源的預金

上の例の場合,信用創造額は100万円÷0.1－100万円＝900万円である。

> **要点** [**信用創造**]
> ・銀行が預金と貸出を連鎖的に繰り返すことで,
> 預金通貨が増えていくしくみ
> ・信用創造額＝本源的預金÷預金準備率－本源的預金

用語
❶**流動性預金** すぐに使える通貨は「流動性が高い」と表現されるため,流動性預金ともいう。

❷**手形割引** 受け取った手形が満期(支払期日)になる前に,金融機関で一定の利子を差し引いた金額で換金すること。

50 金融政策

1 通貨制度と中央銀行

1| 通貨制度 金本位制度から，世界恐慌後，各国が管理通貨制度へ移行。

①**中央銀行**…国家の金融と通貨制度の中心。

②**金本位制度**…中央銀行が金と兌換を保証する**兌換紙幣**を発行。信用の裏付けは金であるため，中央銀行のもつ金の量に応じてしか発行できない。

③**管理通貨制度**…金との兌換を保証しない**不換紙幣**を発行。通貨量の増減がしやすく，供給する通貨量を調整することで柔軟に金融政策を行うことができる。

2| 日本銀行 重要 日本の中央銀行。国の金融の中枢，通貨供給の源泉であると同時に，金融政策を行う主体。政府から独立している（**日銀の独立性**）。

①**発券銀行**…日本銀行券を発行する。

②**銀行の銀行**…市中金融機関から預金準備金の受け入れを行う。また，市中金融機関に国債・手形の売買を行うほか，「最後の貸し手」として資金繰りが困難になった市中金融機関に資金供給を行う。

③**政府の銀行**…国庫金の出納などを行う。

2 日本銀行の金融政策

1| 金融政策の目的・手段 物価や景気の安定，経済成長などを目的として金融政策を行う。**マネーストック**❶の増減を通じて調整。中心的な手段は，**預金準備率操作**と**公開市場操作**である。

2| 公開市場操作（オープン・マーケット・オペレーション） 重要 日銀が保有する国債・手形等の有価証券を売買し，短期金融市場における資金供給量を調節して**政策金利**❷を誘導し，マネーストックを増減させること。**買いオペ**，**売りオペ**と略称される。**金融政策**の主要手段。

①**買いオペレーション（買いオペ）**…景気浮揚が目的。日銀が，市中銀行の所有する有価証券を買い取る。買いオペが実行されると金融機関・金融市場に資金が供給され，政策金利である無担保コールレート翌日物の金利が下がる。

②**買いオペの効果**…市中銀行の資金調達が容易になり，無担保コールレート翌日物の金利が下がり，潤沢な資金をもった銀行による低利子での融資が行われるようになる。こうしてマネーストックの増大が起き，景気浮揚につながる。

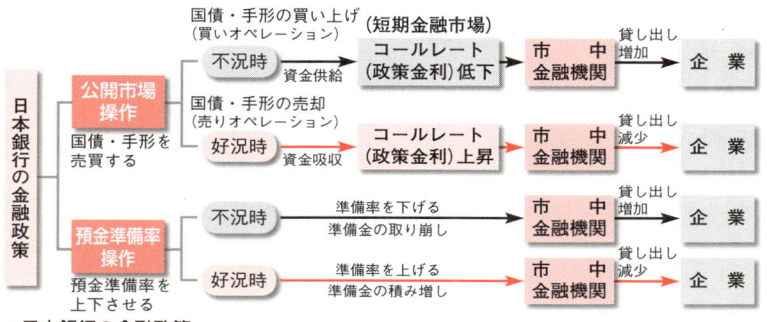

```
日              国債・手形の買い上げ (短期金融市場)
本              (買いオペレーション)                          貸し出し
銀   公開市場   ┌─不況時─┐            コールレート    市  中   増加
行    操作     │資金供給│           (政策金利)低下   金融機関  ───→ 企 業
の   国債・手形を  国債・手形の売却
金   売買する    (売りオペレーション)                         貸し出し
融              ┌─好況時─┐            コールレート    市  中   減少
政              │資金吸収│           (政策金利)上昇   金融機関  ───→ 企 業
策
    預金準備率   ┌─不況時─┐  準備率を下げる      市  中   貸し出し
     操作      │        │  準備金の取り崩し   金融機関  増加    企 業
                                                       ───→
    預金準備率を  ┌─好況時─┐  準備率を上げる      市  中   貸し出し
    上下させる   │        │  準備金の積み増し   金融機関  減少    企 業
                                                       ───→
```

▲日本銀行の金融政策

③**売りオペレーション(売りオペ)**…日銀の所有する有価証券を金融機関に売る。市場から資金を吸い上げ、買いオペと逆に政策金利が上がる。

④**売りオペの効果**…市中銀行は有価証券の購入資金をつくるために融資の中止、債権回収などを行う。市場資金が吸収され、政策金利は上がり、銀行の資金調達が難化する。銀行は企業などへの融資を控え、結果、マネーストックは減少する。こうして景気過熱を防ぐことができる。

3 預金準備率操作(支払準備率操作) 重要　市中銀行は、**預金準備率**として預金総額の一定の割合を日銀に預金しなければならない。預金準備率操作とは、預金準備率を操作することにより市中銀行の貸出量を調整し、マネーストックを増減させることである。

4 金融緩和の問題　日銀は1990年以降、デフレからの脱却を図るため、**ゼロ金利政策**に加えて**量的緩和政策**をとってきた。量的緩和は、日銀の当座預金残高を増やすことを通じてマネーストックを拡大することである。

> 要点　[日銀の金融政策]
> ・**公開市場操作**…有価証券の売買による通貨量の調節
> ・**預金準備率操作**…預金準備率の操作による通貨量の調節

用語

❶**マネーストック**　企業や個人、地方公共団体が保有する通貨の総量。

❷**政策金利**　日銀が金融政策を行う際に誘導目標とする金利。現在は、銀行間で短期資金を融通する際の金利(無担保コールレート)のうち、翌日に返済するオーバーナイトものを政策金利としている。

51 物価の変動

1 物価

物価とは、様々な個別の商品の価格を総合・平均化した値。基準年を100として指数で表され、物価水準や推移がわかる。**消費者物価指数**(消費者が購入する商品の物価水準)や**企業物価指数**(企業間で取引される商品の物価水準)がある。

2 インフレーション(インフレ)

1｜インフレーション(インフレ) 重要　物価が持続的に上昇すること。貨幣価値の下落であり、貨幣による購買力が低下する。インフレの要因は2つある。

①**需要インフレ(ディマンド・プル・インフレーション)**…需要が供給を上回ることで起こる。通貨の過剰発行や有効需要の増大などによって生じる。

②**費用インフレ(コスト・プッシュ・インフレーション)**…生産費用の上昇によるインフレ。石油危機時のインフレ(輸入インフレ)は石油高騰による。

2｜インフレの影響　貨幣価値の下落から様々な影響が出る。

①**預金と債務**…預金の目減り(預金の実質的価値の減少)や債務の負担を軽減。

②**定額所得者**…年金や生活保護世帯などは、生活が苦しくなる。

3｜速度・率による分類

①**ハイパーインフレーション**…年に数倍以上も物価が上昇する超高速・超高率インフレ。

②**ギャロッピングインフレーション**…年10%を超える高速・高率インフレ。

③**クリーピングインフレーション**…年数%のインフレ。マイルド・インフレとも呼ばれ、好況で経済規模が拡大している時にも見られる。

4｜スタグフレーション　不況下で進むインフレ。

3 デフレーション(デフレ)

1｜デフレーション(デフレ) 重要　物価の持続的な下落(貨幣価値の上昇)とそれに伴う不況。供給超過が主因とされる。物価の持続的な下落と連動して、消費・投資および所得の規模が縮小していく悪循環を**デフレスパイラル**という。

①**需給ギャップ**…需要と供給の不均衡。デフレは、供給が需要を上回ることで生じる(供給超過)。インフレは、その逆の現象から起こる。

②**貿易**…海外からの安い原材料や商品の輸入の拡大。

2 デフレの影響 家計・企業は所得・収益が悪化する。
①**人件費の増加**…デフレ下では社員に同額の給与を払うだけでも実質的人件費の増加となる。企業活動はさらに低迷し，消費・投資が減退し，不況が続く。
②**債務者と固定収入者**…債務者には実質的債務の増大となる。一方，固定収入・年金生活者などはいくらか生活が楽になる。

> **要点 [インフレとデフレ]**
> ・**インフレ**…物価は持続的に上昇し，貨幣価値は下落する
> ・**デフレ**…物価は持続的に下落し，貨幣価値は上昇する

4 物価安定の施策

1 財政政策 政府が，景気変動に対応して公共事業や課税の増減を行い，有効需要を適切に保つ。

2 金融政策 市場の通貨量を適正な水準に保つ。**貨幣数量説**❶に基づけば，**マネーストック**(→p.122)を増やすと物価は上昇し，マネーストックが減ると物価は下がる。また，金利の増減によって，投資を刺激したり，抑制したりすることができる。
①**ゼロ金利政策**…日銀による政策金利の引き下げ策。ゼロ金利下ではマネーストックは増加しないという批判がある。
②**量的緩和政策**…**買いオペ**を中心とし，日銀の当座預金残高を高めることで，市場に資金を大量に供給する。
③**期待インフレ率**❷…物価上昇の目標値を定めて意図的にインフレを起こし，貨幣価値の下落予想を利用して投資を促す。

3 ポリシー・ミックス(→p.116) 財政政策と金融政策は一体的に運用されることが多い。2013年現在，政府・日銀による大規模金融緩和と財政政策，成長戦略の三本柱の政策が進行している。

用語

❶**貨幣数量説** 物価水準は市中の貨幣の総量と流通速度によって決まるという，マネタリストのフリードマンに代表される考え。金融緩和政策は，主に貨幣数量説に基づく。

❷**期待インフレ率** 将来予想される物価の上昇率。これを達成するような金融政策を行うことを**インフレターゲット**という。

要点チェック

↓答えられたらマーク　　　　　　　　　　　　　　　　　　　わからなければ ⇒

- **1** 財政の3つの機能のうち、市場経済では適切に供給できない公共財やサービスを供給する機能を、何というか。　p.116 **1** 2
- **2** 高所得の人に高く課税し、低所得の人に低く課税することで所得格差の是正を図るしくみを、何というか。　p.116 **1** 3
- **3** 景気変動を自動的に安定化させる財政の機能を、何というか。　p.116 **1** 3
- **4** 財政政策と金融政策を組み合わせて運用し、景気を調整することを、何というか。　p.116 **1** 4
- **5** 一般会計において、歳入総額から国債発行収入を差し引いた金額と歳出総額から国債費を差し引いた金額の収支バランスを示す数値を、何というか。　p.117 **2** 1
- **6** 国の予算のうち、国会における予算議決ができない時に経過措置として組まれる予算を、何というか。　p.117 **2** 1
- **7** 「第二の予算」とも呼ばれ、国が特殊法人などに融資するものを、何というか。　p.117 **2** 3
- **8** 政府が全額出資し、省庁から独立して運営される公庫や銀行などの機関に対して組まれる予算のことを、何というか。　p.117 **2** 4
- **9** 租税の賦課・徴収は、国会の定めた法律によらなければならないとする近代税制の基本原則を、何というか。　p.118 **1** 1
- **10** 次のア〜エのうち、国税であり、かつ直接税であるものを、1つ選んで答えよ。
  　ア 自動車税　イ 関税　ウ 酒税　エ 相続税　p.118 **1** 2 3
- **11** 租税収入における直接税と間接税の割合を、何というか。　p.118 **1** 2
- **12** 本来、財政法ではその発行を禁止しているが、財源不足を補うために期限を定めて発行されている公債は、何か。　p.119 **2** 1

答え

1 資源配分の機能　**2** 累進課税(制度)　**3** 自動安定化装置(ビルトイン・スタビライザー)
4 ポリシー・ミックス　**5** 基礎的財政収支(プライマリー・バランス)　**6** 暫定予算
7 財政投融資(計画)　**8** 政府関係機関予算　**9** 租税法律主義　**10** エ　**11** 直間比率
12 特例国債(赤字国債)

- **13** 日本銀行が公債を直接引き受けることを禁止する財政法第5条の原則を，何というか。 p.119
- **14** 貨幣の機能のうち，財・サービスの価値を表示する機能を，何というか。 p.120
- **15** 貨幣の機能のうち，公共料金の自動引き落としやクレジットカードの支払いなど，現金を動かさずに信用取引を決済させる機能を，何というか。 p.120
- **16** 企業の調達する資本のうち，株主や出資者から調達した資金を，何というか。 p.120
- **17** 銀行の業務のうち，振り込みや振り替えによる送金や，手形・小切手を使った支払いなどにより決済を行う業務を，何というか。 p.121
- **18** 銀行が集めた預金を元手に預金と貸出を連鎖的に繰り返すことで預金通貨が増えていくしくみを，何というか。 p.121
- **19** 日本が1942年に管理通貨制度に移行するまで採用していた通貨制度を，何というか。 p.122
- **20** 日銀が保有する国債・手形を売買することで短期金融市場における資金供給量を調節する金融政策を，何というか。 p.122
- **21** 日銀が1990年代後半以降，デフレからの脱却を図るためにゼロ金利政策に加えて実施した金融政策は，何か。 p.123
- **22** 景気の過熱が原因となり，総需要が総供給を上回ることから生じるインフレを，何というか。 p.124
- **23** 生産費用の上昇によって生じるインフレを，何というか。 p.124
- **24** 不況とインフレが同時に進行する現象を，何というか。 p.124
- **25** 物価の持続的な下落と連動して，消費・投資および所得の規模が縮小していく現象を，何というか。 p.124

答え

13 市中消化の原則 **14** 価値尺度 **15** 支払い手段 **16** 自己資本 **17** 為替業務 **18** 信用創造 **19** 金本位制度 **20** 公開市場操作(オープン・マーケット・オペレーション) **21** 量的緩和政策 **22** 需要インフレ(ディマンド・プル・インフレーション) **23** 費用インフレ(コスト・プッシュ・インフレーション) **24** スタグフレーション **25** デフレスパイラル

52 戦後日本経済のあゆみ

1 戦後の日本経済

1｜経済民主化政策 GHQ(連合国軍総司令部)の指導による改革。経済の民主と近代化を進めた。

①**財閥の解体**…持株会社整理委員会(1946年)や過度経済力集中排除法(1947年)により、戦前の日本経済を支配していた**財閥**を解体。(→三井・三菱・住友・安田)

②**農地改革**…自作農創設特別措置法(1946年)などにより、寄生地主制は崩壊。封建的な地主・小作関係は消滅し、自作地の割合は53%(改革前)から91%に増加。

③**労働運動の公認**…労働組合法(1945年)、労働関係調整法(1946年)、労働基準法(1947年)が制定され、労働の民主化政策を進めた。

2｜日本経済の復興への動き 重要 経済民主化政策によって労働者・農村部の購買力が向上。一方、日本は供給力不足と復興がもたらすインフレに見舞われた。

①**ガリオア・エロア**❶…アメリカが行った日本経済の復興のための援助。

②**傾斜生産方式**…**復興金融金庫**(**復金**)を設立し、限られた資源を石炭・鉄鋼などの基幹産業に集中配分した。インフレ収束・経済発展を目的としていたが、資金は日銀引き受けの債券(復金債)で調達されたため、通貨供給量の増加によるインフレ(**復金インフレ**)が起こった。

③**経済安定9原則**❷…1948年、GHQによって指示された経済の安定化政策。均衡予算・徴税強化など9項目を盛り込んだ安定策を指示した。

④**ドッジ・ライン**…1949年、GHQの経済顧問**ドッジ**は、インフレ収束に向けて、復金債の廃止、**均衡財政の確立**、**1ドル＝360円の単一為替レート**の設定などを実施。インフレは収束したが、**安定恐慌**とよばれる不況が起こった。

⑤**シャウプ勧告**…1949年、**シャウプ**による税制改革に関する勧告。直間比率を直接税中心に改める税制改革が行われた。

3｜特需景気 1950年の**朝鮮戦争**の勃発によりもたらされた好景気。日本経済は不況から抜け出し、1951年には戦前の鉱工業水準を回復した。

2 高度経済成長

1｜高度経済成長の時代 1955年〜73年頃。高い家計貯蓄率が企業の資金需要を賄い、活発な設備投資、技術革新が行われた。この約20年間で日本は、年平均10%の実質経済成長率を実現。1968年にはGNPが資本主義国第2位(→アメリカに次ぐ)となった。

9章 日本経済のあゆみ

▲戦後日本経済のあゆみ

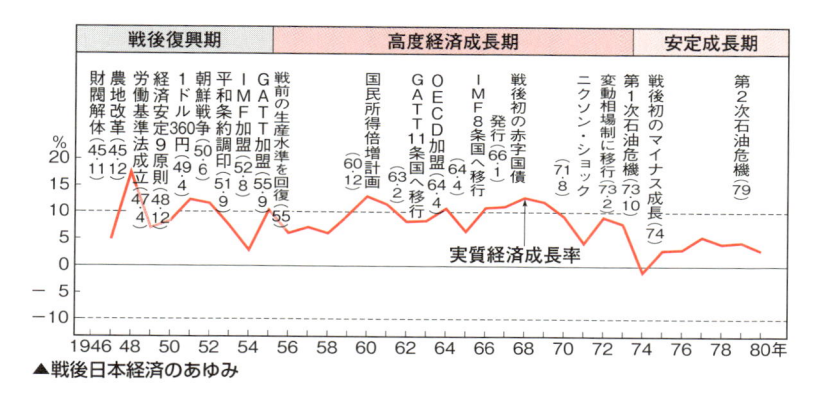

2 国民所得倍増計画　1960年。池田勇人首相は経済成長政策を積極的に展開。

3 国際収支の天井（てんじょう）　好況期に輸入が増加して経常収支赤字が拡大したため、景気引き締め策がとられた。国際収支が経済成長の限界を形成する意味で**国際収支の天井**と呼ばれた。輸出が増加した1960年代後半以降には見られなくなった。

3 貿易と資本の自由化

1 貿易・為替の自由化　重要　1963年、**GATT11条国**となり、国際収支の悪化を理由に輸入制限をすることができなくなった。翌1964年には**IMF8条国**に移行し、国際収支の悪化を理由に為替制限をすることができなくなった。

2 OECD（経済協力開発機構）加盟　1964年。1967年からは、**資本の自由化**の義務を負うことになった。

要点　[戦後日本経済のあゆみ]
・GHQによる改革…**経済民主化政策**。ガリオア・エロア、
　ドッジ・ライン
・経済成長政策…**傾斜生産方式、国民所得倍増計画**
・貿易と資本の自由化…GATT・IMF・OECDに加盟

用語

❶ ガリオア・エロア　ガリオア（占領地救済政府基金）とエロア（占領地経済復興基金）。ガリオアは食料や医薬品の購入に、エロアは工業原料や機械の購入に充てた。

❷ 経済安定9原則　予算の均衡、徴税強化、資金貸出制限、賃金安定、物価統制、貿易改善、物資割当改善、増産、食糧集荷改善の9項目からなる。

53 現代の日本経済

1 安定成長期からプラザ合意

1｜高度経済成長の終了 1973年，**第１次石油危機**が起き，**狂乱物価**と呼ばれる激しいインフレと景気の停滞（**スタグフレーション**）が発生した。インフレ収束をはかった政府の**総需要抑制策**によって実質経済成長率が戦後初のマイナスとなる。高度経済成長が終わり，実質成長率約４％の**安定成長期**に入った。(→p.129)

2｜産業構造の転換 1979年の**第２次石油危機**以降，省エネ・コスト削減を徹底し，**企業の経営合理化**が進んだ。また，それまでの重化学工業中心の重厚長大産業から，自動車・エレクトロニクスなどの軽薄短小産業への転換が進んだ。

3｜プラザ合意 重要　輸出を伸ばした日本とアメリカの間に**貿易摩擦**が起こった。1985年，**G5**はアメリカの貿易赤字を改善するためにドル高是正の協調介入などを実施した。以後，円高・ドル安が急速に進んだ。(→p.165)

4｜円高不況 プラザ合意以降，外需に大きく依存していた日本経済は円高に苦しみ，工場の海外移転などによって国内産業が衰退する**産業の空洞化**が進んだ。

2 バブル経済とその崩壊

1｜バブル経済 政府は外需依存から内需主導の成長を目指し，公定歩合の引き下げなど大幅な金融緩和を行った。結果，低金利で資金が調達され，それらが株式・不動産市場にも投資された。そのため株価・不動産価格が高騰し，それが**資産効果**を伴ってさらに消費や株・不動産投機を刺激し，資産価格が急騰した。
（→バブル景気）
（資産価格の大きさが消費行動に与える効果）

2｜バブル崩壊 重要　1990年，日銀は低金利政策を転換，公定歩合を引き上げた。土地関連融資の総量規制も行われ，地価・株価は急落した。
①**不良債権**…土地を担保に融資していた銀行は回収困難な債権を抱え込んだ。
②**失業率の上昇**…企業のリストラにより，失業率が上昇した。
③**失われた10年**…1990年代末，デフレ傾向が表面化。**ゼロ成長やマイナス成長**を記録。景気の回復には10年以上かかった。

> **要点　[バブル崩壊の影響]**
> ・銀行・金融機関…**不良債権**の処理問題や金融機関の破綻
> ・実質経済成長率…デフレによる**ゼロ成長・マイナス成長**

▲現代の日本経済のあゆみ

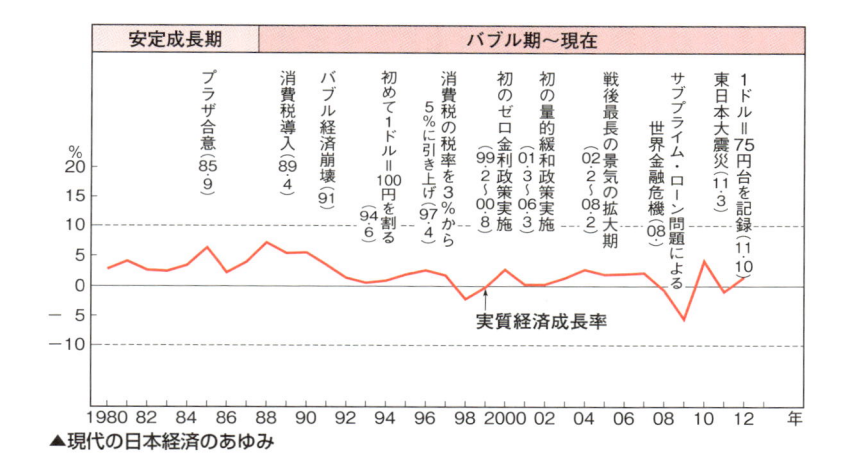

(グラフ:「安定成長期」「バブル期〜現在」、実質経済成長率の推移 1980〜2012年)
- プラザ合意(85.9)
- 消費税導入(89.4)
- バブル経済崩壊(91)
- 初めて1ドル=100円を割る(94.6)
- 消費税の税率を3%から5%に引き上げ(97.4)
- 初のゼロ金利政策実施(99.2〜00.8)
- 初の量的緩和政策実施(01.3〜06.3)
- 戦後最長の景気の拡大期(02.2〜08.2)
- サブプライム・ローン問題による世界金融危機(08)
- 東日本大震災(11.3)
- 1ドル=75円台を記録(11.10)

3 構造改革と世界同時不況

1 構造改革 小泉内閣による**規制緩和**や**郵政民営化**，特殊法人の廃止を含む一連の新自由主義的改革。「改革なくして成長なし」をスローガンとし，「小さな政府」への回帰をめざした。戦後最長の経済成長が始まったが，所得格差は広がり，「実感なき景気拡大」と呼ばれた。また，高かった貯蓄率は大きく落ち込んだ。

2 世界同時不況 2008年にアメリカの**サブプライム・ローン**[❷]問題に端を発する**世界金融危機**が起こった。

①**信用収縮**…金融市場では多くの金融商品が出回っていたが，サブプライム問題が表面化すると大規模な信用収縮が起きた。実体経済の2倍の規模といわれるほど膨れ上がっていた金融市場は大きく収縮した。

②**世界同時デフレの危機**…日本はIMFに10兆円を拠出するなど，欧米をはじめとした世界的な金融危機の対策にあたっている。

+α

❶企業の経営合理化 省エネ・コスト削減を徹底して減量経営に取り組んだ。生産工程の自動化(FA化)，事務作業の自動化(OA化)を推進した(ME革命)。その結果，合理化・国際競争力強化が進んだ。

❷サブプライム・ローン 低所得者向けのアメリカ住宅ローン債権を組み合わせたサブプライム債は，世界中に販売されていたが，2007年頃から不動産価格が暴落し，世界の信用不安問題に発展した。

54 中小企業の地位と役割

1 中小企業の地位

1| 中小企業の地位　中小企業は事業所数の約99％，従業員数の約80％，製造業出荷額の約50％を占め，日本の経済の中で重要な役割を果たしている。

2| 中小企業の定義　中小企業基本法第2条(2009年改正)による。

業　　種	従業員規模	資本金規模
製造業，その他	300人以下	3億円以下
卸　売　業	100人以下	1億円以下
小　売　業	50人以下	5,000万円以下
サービス業	100人以下	5,000万円以下

2 中小企業と大企業の格差

1| 経済の二重構造　中小企業と大企業との資本・生産・賃金などの格差の問題。
　①資本・生産性の格差…大企業に比べ，**資本装備率**(従業員1人当たりに投下される資本の割合・労働装備率)が低く，**生産性**(1人当たりの生産額)が低い。
　②労働条件の格差…生産性が低く，**賃金**なども低くなる。

2| 大企業との金融格差(金融の二重構造)　中小企業は大企業に比べて担保資産が少ない。融資における信用の問題で利子率が高く，融資が受けにくい。

3| 格差解消の取り組み 重要
　①**中小企業基本法**…1963年に制定。大企業との格差是正・保護育成を目的とした。1999年の改正で，中小企業を日本経済のダイナミズム(活力)を生み出す源泉ととらえ，多様な発展を支援していく方針になった。
　②**日本政策金融公庫(日本公庫)**…中小企業などへの融資を行う財務省所管の特殊会社。低利率での融資を行う。2008年に設立。前身は国民生活金融公庫，農林漁業金融公庫，中小企業金融公庫などを統合して設立された。
　③**中小企業金融円滑化法**…2009年に制定。銀行による「貸し渋り・貸しはがし」に対する対策がとられた。

4| 大店法の廃止による問題 重要　地域の小売業は苦境に立たされ，地域の空洞化などが問題となっている。

① **大規模小売店舗法（大店法）**…各地域の中小小売業の保護を目的とし，大型店の市街地中心の出店等を規制していた法律。アメリカから強く規制緩和を求められ，廃止された（2000年）。
② **大規模小売店舗立地法（大店立地法）**…大店法に代わって制定され，大規模店舗出店に向けた生活環境整備が進められた。各地域に巨大ショッピングモールがつくられ，地方の市街地・商店街は次々にシャッター街化した。
③ **まちづくり3法**の改正…2007年，大規模小売店舗立地法をはじめとするまちづくり3法は改正され，大型店舗の郊外出店などが規制された。

> **要点** [大企業と中小企業]
> ・**経済の二重構造**…**資本装備率**，**生産性**，**賃金**などで格差
> ・**金融の二重構造**…担保となる資産が少なく，融資が受けにくい

3 中小企業の役割と形態

中小企業の形態は多様化し，様々な役割・可能性が期待されている。

1 下請け 大企業・親会社から委託を受けて部品などを製造・加工する。資本・技術関係を通して，親会社と密接な関係にある。**系列企業**とも呼ばれる。近年，親会社から独立し，多角的経営を試みたり，グローバル市場に直接参入して成功する中小企業も増えている。

2 地場産業（じば） 地域の伝統的な技術・資本・労働力を用いて製造販売やサービスを行う。伝統工芸品や食器・眼鏡・刃物など，高い競争力をもつものや，技術・品質・デザインで成功している分野もある。

3 ベンチャー企業 新しいアイデアや技術をもとに，新たな市場を開拓したり，**ニッチ産業**❶ に進出したりする企業。IT分野で世界的企業に成長した例も多い。
　↳隙間（すきま）
2005年の会社法制定で**最低資本金**❷ の制限がなくなったために起業しやすくなった。有望な企業家に出資する**ベンチャー・キャピタル**も設立されている。

用語

❶ **ニッチ産業** 市場の一部（隙間）の需要に特化した産業のこと。

❷ **最低資本金** 従来の会社法では，株式会社の最低資本金は1,000万円，有限会社の最低資本金は300万円と定められていた。2005年の会社法の改正により最低資本金制度は撤廃され，資本金1円からでも会社を設立することが可能となった。

55 農業の現状と課題

1 日本の農業政策の変遷

1 農地改革 戦後，多くの<u>自作農</u>が創設され，農家間の所得格差は緩和。

2 農地法 1952年，寄生地主制の復活を阻止する目的で制定。農地の所有，賃貸，売買を厳しく制限し，農家の大規模化を防いだ。

3 農業基本法 農業と他産業との所得格差の縮小を目的として1961年に制定。畜産・果樹・野菜など，需要の増加が見込まれる農作物の選択的拡大を図り，経営規模の拡大と機械化による自立経営農家の育成を目指した。

4 食糧管理制度 重要　1942年制定の食糧管理法（→食管法）に基づく。食料の安定供給のため生産・価格・流通を統制。食管制度は1995年まで形を変えながら存続。

①**総合農政**…1967年には過剰米が発生しはじめた。1968年以降，食管制度は米の安定供給・農業近代化・農業維持等の制度へと転換（総合農政）。

②**自主流通米の導入**…1969年，自主流通米制度が発足。生産者は政府を通さずに卸売業者に直接販売することができるようになった。

③**減反政策**…1970年，政府は農家による米の作付面積を制限。離農を促進。

5 新食管法 食管法改正(1981年)。配給の統制から流通の規制へと目的を転換。

①**食管赤字**…米を高く買い，安く売ることで赤字（逆ザヤ）が発生した。

②**農家の自立経営の阻害**…国が米を買い上げる，米農家に所得補償があるなどの理由により，農家の他の作物への転換は進まなかった。

> **要点**
> [農業政策の変遷]
> ・農地法・農業基本法・**食糧管理制度**…長く戦後の農政を規定
> ・減反・離農の促進…米の需要の減少に伴う

2 日本の農業の現状と課題

1 農家の現在 農業の高年齢化が進む。

①**戸数の減少と高年齢化**…現在，農家戸数はかつての半分になり，**主業農家**が激減した。また，農業就業者人口の約60％が65歳以上である。

(千戸)	主業農家	準主業農家	副業的農家
2005年 196万3千戸	429 (21.9%)	443 (22.6)	1091 (55.5)
2010年 163万1千戸		389 (23.8)	883 (54.1)
	360 (22.1%)		

注：（ ）内の数値は構成比。（農林水産省資料）
▲主副業別農家数の構成の推移

②**農地**…農地法制定以来，農業の大規模化には厳しい制限がある。**販売農家**の経営耕作地面積，1戸当たりの農業所得は非常に少ない。**耕作放棄地**をなくしていくことも課題。

2│食料自給率の低下　日本の**食料自給率**はカロリーベースで40％以下にとどまる。**食料安全保障**の観点から，食料自給率を引き上げることが課題。

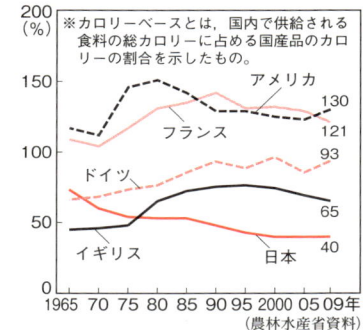

3│食の安全　食品偽装，遺伝子組み換え食品への対策。**トレーサビリティ**や食品安全基本法（2003年）など。
　↳流通履歴管理

▲各国の食料自給率（カロリーベース）
※カロリーベースとは、国内で供給される食料の総カロリーに占める国産品のカロリーの割合を示したもの。
（アメリカ 130／フランス 121／ドイツ 93／日本 40／イギリス 65）
（農林水産省資料）

3 GATT，ウルグアイ・ラウンド以降の農政

1│GATT，ウルグアイ・ラウンド【重要】　1986〜95年。アメリカは，日本に農産物の自由化を迫った。国内外から食管法が批判され，廃止に追い込まれた。
①**牛肉・オレンジ**…1991年に高い関税障壁が廃止され，完全に自由化。
②**ミニマム・アクセス**❷…**米の自由化**を迫られた日本は，1995年に米を部分的に開放。自由化の猶予を得る代わりに，**ミニマム・アクセス**（最低輸入量）を受け入れ，輸入を行った。
③**関税化**…1999年，輸入制限を撤廃。高い関税をかけて輸入量を制限。
　　　　　　　　　　　　　　　　　　　　　　↳1kgあたり341円

2│食糧法の制定　1995年，食管法に代わって制定。米の大幅な規制緩和。
①**米の自由な販売・流通**…政府は政府米（備蓄）のみに関与することになった。
②**流通業者**…米の卸・小売りが登録制から届け出制に。新規参入が容易になった。

3│食料・農業・農村基本法　1999年，農業基本法に代わって制定。食料の安定供給の確保，環境や文化・農業の多面的機能，農村振興を重視。
　　　　　　　　　　　　　　　　↳環境保全など

4│2000年代以降の動向
①**経営規模の拡大**…2005年，**株式会社**の参入が本格的に認められた。
②**戸別所得補償制度**…2011年に導入。販売額が生産費以下の農家に，交付金支給。

+α

❶**主業農家**　これまで専業農家・兼業農家という分類が使われてきたが，1995年から主業・準主業・副業的という分類を導入。

❷**ミニマム・アクセス**　日本の米の関税化は2000年まで猶予されたが，その代わりに米の国内消費量の4〜8％までを最低輸入量として受け入れることで合意した。

要点チェック

↓答えられたらマーク　　　　　　　　　　　　　　　　わからなければ

- **1** GHQの主導によって，戦前の日本経済を支配していた巨大企業を解体させたことを，何というか。　p.128 **1** 1)
- **2** アメリカが占領下の日本において，生活必需品や工業原料の購入を援助する目的で支出した資金を，まとめて何というか。　p.128 **1** 2)
- **3** 戦後の経済復興を目的として，限られた資源を石炭・鉄鋼などの基幹産業に重点的に投入した経済政策を，何というか。　p.128 **1** 2)
- **4** 1948年にGHQによって指令された，予算の均衡，徴税強化などの9項目からなる経済政策を，何というか。　p.128 **1** 2)
- **5** 日本のインフレ収束に向けて，財政・金融の引き締め策をとったGHQの経済政策を，何というか。　p.128 **1** 2)
- **6** 1950年の朝鮮戦争の勃発によりもたらされた好景気は，何か。　p.128 **1** 3)
- **7** 1960年に池田勇人首相が発表し，推し進めた経済成長政策を，何というか。　p.129 **2** 2)
- **8** 日本がIMF8条国へと移行したことで，国際収支の悪化を理由に制限できなくなったものは，何か。　p.129 **3** 1)
- **9** 第1次石油危機に起因する激しいインフレを抑え込む目的で政府がとった経済政策は，何か。　p.130 **1** 1)
- **10** 輸出入の不均衡によって貿易黒字国と赤字国との間に生じる対立を，何というか　p.130 **1** 3)
- **11** 1985年にG5により発表された，アメリカのドル高是正に関する合意を，何というか。　p.130 **1** 3)
- **12** 国内企業の生産拠点が海外に移転することにより，国内の雇用が減少し，国内産業が衰退していく現象を，何というか。　p.130 **1** 4)

答え

1 財閥解体　**2** ガリオア・エロア　**3** 傾斜生産方式　**4** 経済安定9原則
5 ドッジ・ライン　**6** 特需景気　**7** 所得倍増計画　**8** 為替制限　**9** 総需要抑制政策
10 貿易摩擦　**11** プラザ合意　**12** 産業の空洞化

要点チェック

- ☐ **13** 企業の破綻や経営悪化などの理由から，銀行が貸し付けた融資のうち，回収困難となったものを，何というか。 p.130
- ☐ **14** 小泉内閣による規制緩和や郵政民営化，特殊法人の廃止を含む一連の新自由主義的改革を，何というか。 p.131
- ☐ **15** 2007年にアメリカの不動産バブルの崩壊と世界的な不況を引き起こした低所得者層向けの住宅ローンは，何か。 p.131
- ☐ **16** 従業員1人当たりに投下される資本の割合を，何というか。 p.132
- ☐ **17** 1963年に制定され，大企業との格差是正・保護育成を目的とした法律は，何か。 p.132
- ☐ **18** 2008年に設立され，中小企業などへ低利率での融資を行うことを目的とした財務省所管の特殊会社は，何か。 p.132
- ☐ **19** 2009年に制定され，銀行による「貸し渋り・貸しはがし」に対する対策を目的とした法律は，何か。 p.132
- ☐ **20** 2000年に廃止された各地域の中小小売業の保護を目的とし，大型店の市街地中心の出店等を規制していた法律は，何か。 p.133
- ☐ **21** 大企業・親会社から委託を受けて部品などを製造・加工する中小企業を，何というか。 p.133
- ☐ **22** 新技術やアイデアをもとに新たな市場を開拓し，大企業では実施しにくい創造的な経営を展開する中小企業を何というか。 p.133
- ☐ **23** 1961年に制定され，農業と他業種との所得格差の是正をめざした法律を，何というか。 p.134
- ☐ **24** 1969年に認められた政府の管理外で流通する米のことを，何というか。 p.134
- ☐ **25** 食の安全を確保するために導入されたもので，商品の履歴を閲覧できる制度を，何というか。 p.135
- ☐ **26** 1991年のGATTのウルグアイ・ラウンドで取り上げられ，自由化された農産物品目（2つ）を挙げよ。 p.135

答え

13 不良債権　**14** 構造改革　**15** サブプライム・ローン　**16** 資本装備率　**17** 中小企業基本法　**18** 日本政策金融公庫　**19** 中小企業金融円滑化法　**20** 大規模小売店舗法（大店法）　**21** 下請け（系列企業）　**22** ベンチャー企業　**23** 農業基本法　**24** 自主流通米　**25** トレーサビリティ（流通履歴管理）　**26** 牛肉・オレンジ

56 消費者問題

1 消費者問題と消費者の権利

1│ 消費者主権　生産物の種類や数量の最終決定権は消費者にあるという考え方。

2│ 主権の喪失

①依存効果…消費者の購買意欲が企業の宣伝，販売活動に影響されること。アメリカの経済学者**ガルブレイス**の用語。また，消費者が他の消費者の行動に影響されることを**デモンストレーション効果**という。

②情報の非対称性…企業と消費者の間には，もっている情報に格差があり，消費者は契約において不利な立場におかれやすい。

3│ 消費者問題　薬害エイズ問題などの医薬品被害や，相次ぐ食品偽装問題，またマルチ商法などの悪質商法によるトラブルが後を絶たない。

4│ 消費者の4つの権利　1960年代に，アメリカの**ケネディ大統領**が提唱した消費者の権利。**安全である権利，知らされる権利，選択できる権利，意見を聞いてもらう(反映させる)権利**の4つ。

2 消費者行政の取り組み

1│ 消費者保護基本法　1968年制定。消費者の生活と権利を守る。2004年に全面改正され，消費者の自立支援をめざす**消費者基本法**となった。

2│ 国民生活センター　1970年に国の機関として設置。地方自治体には**消費生活センター**が設置された。消費者からの苦情相談などを受けつけている。

3│ 契約・売買に関する法律・制度

①**クーリング・オフ** 重要 …**割賦販売法・特定商取引法**(旧訪問販売法，2000年に全面改定)により，一定期間内なら契約が解消できる。2008年からは訪問販売・電話勧誘・クレジット契約は原則すべて規制対象に。

②**消費者契約法** 重要 …2000年に制定。事業者が契約にあたって事実と違う説明をした場合(不実告知)などには，**契約を解除できる**。[1] また，消費者が事業者の不法行為等によって被った損害に対する事業者の賠償責任を免除する規定は無効となっている。

③**消費者団体訴訟制度**…2006年，消費者契約法の改正によって導入された制度。被害にあった消費者にかわって，内閣総理大臣の認定を受けた適格消費者団体

が不当な行為を差し止めるための訴訟を起こすことができる。
- ④**成年後見制度**…認知症高齢者や知的障害者，精神障害者などの判断能力が不十分な人を保護する制度。本人に代わって契約の締結や取り消しができる成年後見人をおくことができる。

4 | 商品の欠陥・安全性に関する法律・制度

- ①製造物責任法（PL法） **重要** ↳Product Liability …1994年制定。製品に欠陥があることを立証すれば，製造者に賠償責任があるという無過失責任制度が定められた。
- ②**消費者庁**…2009年，内閣府の外局として設置。消費者行政の一元化を図る。
- ③**消費者安全法**…地方公共団体が商品の欠陥を把握した場合に，直ちに消費者庁への報告を義務付けている。
- ④**企業への行政指導・処分**…企業の商品や表示に欠陥がある場合に行う。
- ⑤リコール制度…欠陥商品を企業が回収・無償修理する取り組み。

5 | 食品問題に関する法律・制度

森永ヒ素ミルク事件や雪印集団食中毒事件，BSEの発生，無許可添加物の使用，原産地の偽装表示など，食の安全を脅かす事件が多発したことにより，2003年に**食品安全基本法**が制定。食の安全の確保に関する総合的な施策の推進が目的。

6 | 多重債務問題
複数の金融機関から負債を抱え多重債務者となる人，**自己破産**する人が相次ぎ問題に。政府は2006年に貸金業法を全面改正。

- ①**グレーゾーン金利**…**出資法**の上限金利（↳29.2%）と，**利息制限法**の上限金利（↳15〜20%）との間の金利のこと。違法な高金利をかけられ，多くの多重債務者を生みだした。このため，政府は貸金業法の改正に伴い，出資法の上限金利を年20%に引き下げた。
- ②**自己破産**…債務者が裁判所に破産を申し立て，裁判所が破産宣告を行うこと。
- ③**多重債務者相談窓口**…多重債務に関する相談窓口として，**消費生活センターや法テラス**などがある。

要点 [消費者保護行政]
消費者基本法，消費者契約法，食品安全基本法，製造物責任法，消費者庁の設置など

+α

❶**契約の取り消し・無効** 消費者を帰らせない・事業者が帰らない（不退去・監禁），不確実なことの断言（断定的判断の提供），消費者の不利益については告知しない（不利益事実の不告知）などの場合に契約を解除できる。

57 高度情報社会

1 IT革命と高度情報社会

1 **IT（情報技術）革命** 情報通信技術の進展，および，情報技術の進展に伴う経済・社会の効率化やグローバル化のこと。高度情報化を推進。

2 **高度情報通信ネットワーク社会形成基本法（IT基本法）** IT化を積極的に推進するため，2000年制定。ITインフラ整備，人材育成，電子商取引の促進，行政のIT化などが行われている。

3 電子化の進展 **電子商取引（e-コマース）やインターネット・バンキング**，株取引，医療，行政，生産工程の管理，販売時点情報管理（POS）システムなど，広範な分野が電子化され，ネット上で行われている。

4 ユビキタス社会 コンピュータ・ネットワークがが組み込まれた社会を目指す構想。単なるネットワークの存在ではなく，衣・食・住から始まり，経済・社会のあらゆる場にとけ込んでネットワークが存在し，アクセスできる社会。

5 住民基本台帳ネットワーク 各地方公共団体がもつ住民基本台帳をネットワーク化し，全国共通で本人確認情報を利用できるシステム。行政手続きの利便性と行政事務の効率化を図る。住民基本台帳カードが交付される。

6 共通番号制度❶ 社会保障と税に**共通の番号を国民1人ひとりにつける制度**。
　　　　　　　　　　　　　　　　　　　↳「マイナンバー」ともいわれる
所得や資産などの個人情報を一元的に管理し行政の簡素化・効率化を図る。

2 高度情報社会の課題

1 プライバシーの侵害の問題 **重要**

①個人情報の外部流出…事業者のサーバーに不正なアクセスが行われ，顧客情報が流出している。個人ID・パスワードの流出も問題に。

②個人情報の利用規制…**個人情報保護法**（2003年）によって，個人情報の外部へのもち出しや事業以外の目的での利用は禁止されている。個人情報保護のための取扱いが規定されており，その利用には厳しい規制がある。

③**通信傍受法**…1999年に成立。警察などの捜査機関が裁判所の令状に基づき，電話・FAX・ネットの通信を傍受できる。個人情報の取扱いが課題。

2 犯罪・サイバーテロ 他人のコンピュータへ侵入して情報を盗む，破壊するなどの犯罪が多発。詐欺やわいせつ，いたずら目的の**ウイルスやスパイウェ**

アなども蔓延している。また、行政・公共機能の停止や社会的混乱を起こす目的でシステムを攻撃・破壊・改竄する**サイバーテロ**も多発している。これに対し**不正アクセス禁止法**(1999年成立)によって、他人のIDやパスワードの不正使用に対する罰則やコンピュータ管理者が講じるべき防御措置を定めている。

3│知的財産 重要 　デジタル技術の進歩とネットの発達により情報の複製・流通が容易になったため、映画、音楽、ソフトウェアなどの知的財産が**違法にダウンロード**❷される事態となっている。このため、2002年に**知的財産基本法**を定めて、知的財産権(知的所有権)の保護や活用を図っている。

4│デジタル・デバイド(情報格差) 　情報通信機器の利用能力によって格差が出ること。一般的には経済格差が生じることとされる。特に地域ごとの通信インフラの整備状況や教育などについて問題になることが多い。

5│メディア・リテラシー 　**情報活用能力**ともいわれる。メディア情報を選択・活用して目的達成できる能力のこと。高度情報社会に必須の能力といわれる。

①**情報操作**…情報社会にあっては、情報操作の危険も大きい。マス・メディアによる情報操作や、企業による違法な販売促進などが日常的に行われている。

②**ステレオタイプの形成**…ネット上での情報を鵜呑みにする人々を増加させたり、イメージ操作によりイメージが固定化される危険も大きい。

③**ネット選挙の解禁**…2013年、公職選挙法改正によりインターネットを利用した選挙運動ができるようになった。ネット上でのデマの拡散、「なりすまし」のリスクも指摘され、慎重な情報の取捨選択が必要となっている。

> **要点 [個人情報保護制度]**
> ・**個人情報保護法**…個人情報の取扱いについて規定
> ・**不正アクセス禁止法**…他人のIDやパスワードの不正使用の禁止
> ・**知的財産基本法**…知的財産権(知的所有権)の保護

用語

❶**共通番号制度** 　納税者番号や年金、国民保険、雇用保険、住基カード、運転免許証などすべてを一括管理できる番号(マイナンバー)を国民1人ひとりに割り当てる制度。現在、導入が議論されている。

❷**違法ダウンロード** 　2010年、著作権法の改正により、市販されている知的財産をそれと知りながら(録音・録画をする目的で)ダウンロードすることが違法となった。さらに2012年に著作権法が改正され、権利者からの申告がある場合に刑事罰を科すことができるようになった。

58 労働者の権利

1 労働運動の発生

1 労働問題の発生と展開　まず、イギリスを中心として**労働運動**が起こった。

① **契約自由の原則**…資本家と労働者は、契約自由の原則に則り雇用契約を結ぶ。しかし、労働者は生産手段をもたないため、低賃金・劣悪条件で酷使され、様々な労働問題が生じた。

② **労働組合**…ラッダイト運動(機械打ち壊し運動)などを経て、労働条件の改善を目指すために継続的・組織的につくられていった。政府の弾圧政策に対抗して参政権・労働者の保護などを要求するようになった。

③ **工場法、チャーチスト運動**…イギリスにおいて、1833年に工場法(年少者保護)制定。1837年から1848年までチャーチスト運動(参政権要求)を展開。

④ **インターナショナル**…労働運動の国際的組織。社会主義思想の広まりとともに1864年に**第1インターナショナル**(→1876年解散)、1889年に**第2インターナショナル**(→1914年解散)結成。

⑤ **国際労働機関(ILO)**…1919年に**ベルサイユ平和条約**により設立。

2 日本の労働運動　労働運動は、戦前は治安警察法(1900年)や治安維持法(1925年)によって弾圧・取り締まりの対象になった。

① **戦後の労働組合**…戦後の民主化で労働組合の育成が進んだが、欧米の職能別組合や産業別組合に比べ、交渉力の弱い**企業別組合**が多く、それを補うため**ナショナル・センター**に加入している組合が多い。ナショナル・センターの指導のもと、「**春闘**」(→春季賃金闘争)で労働組合が賃上げ要求などの交渉を行っている。

② **地域労組**…組合のない企業の社員などが個人の資格で加入する。

2 労働者の権利

1 労働基本権 重要 　**勤労の権利**や**労働三権**の総称。

① **労働関係の原則**…第27条で**勤労の権利**、第28条で**労働三権**❶(**団結権・団体交渉権・団体行動権**)を保障。

② **労働三法**…**労働基準法・労働組合法・労働関係調整法**(→争議権)の制定。

2 労働基準法　1947年制定。労働条件の最低基準を定める。監督行政機関として、**労働基準局、労働基準監督署**が置かれる。

①**労働時間・賃金**…法定労働時間は**1週40時間・1日8時間**。これを超える場合は労働者の過半数を組織する組合、または代表との間で協定(三六協定)が必要。賃金面では、**男女同一賃金の原則**。

②**その他の労働条件に関する法律**…<u>最低賃金法</u>(→1979年)、家庭内労働法(→1970年)、労働契約の原則・ルールを定めた<u>労働契約法</u>(→2007年)など。

3│労働組合法 重要   1945年制定、1949年全面改正。労働組合を自主的につくる、団体交渉を行う、労働協約を結ぶ、争議行為を行うことなどを認める。

①**労働協約**…賃金、労働時間、福利厚生などの労働条件を定めるもの。使用者側との団体交渉によって結ばれる。

②<u>争議行為</u>…ストライキ(同盟罷業)などを行うことを認めている。

③<u>不当労働行為</u>…使用者が組合活動に対する妨害などを行うこと。雇用条件において組合に加入している労働者の不利益な扱いを定める契約や組合への支配・介入・援助・団体交渉を拒否することを禁止。

4│労働関係調整法 1946年制定。労働関係の調整を図り、労働争議を予防・解決して産業の平和を維持することを目的とする。**労働委員会**が**斡旋・調停・仲裁・緊急調整**などを行うことを規定している。

斡旋	労働委員会が指定した斡旋員が当事者間の争議の解決を支援。
調停	労働委員会に設けられた調停委員会が調停案を作成。双方に受諾を勧告。
仲裁	労働委員会が仲裁裁定を下す。法的拘束力があり、双方に従う義務がある。
緊急調整	争議行為が公益や国民生活を害する場合、内閣総理大臣は**中央労働委員会**の意見を聞き、緊急調整を決定する。争議行為を50日間禁止できる。

5│労働審判法 2004年制定。簡易かつ迅速な労働争議の解決を図る。裁判によらずに労働審判委員会が主体となって審判を下す。

> **要点 [労働者の権利]**
> ・**労働基本権**…**勤労の権利**と**労働三権**
> ・労働三法…**労働基準法・労働組合法・労働関係調整法**

+α

❶**公務員の労働三権** 国家公務員法や地方公務員法によって労働基本権が制限。その代償措置として人事院を設置して、労働条件を勧告。日本では団体行動権に関しては、公務員には一切認められていないが、認めるべきという意見もある。

59 今日の労働問題

1 労働事情の変化

1 バブル崩壊後の労働問題 重要　長引く不況により労働事情は厳しい。

①失業と就職難…企業の**リストラクチャリング(リストラ)**が進む。有効求人倍率が低下し，中高年齢層の失業，新規学卒者(新卒)の就職難が深刻化。

②日本型労働形態の変化…**終身雇用**と**年功序列賃金**❶が維持できない企業が増加。一方で**成果主義**❷が導入されるようになり，労働環境が過酷に。

③厳しい労働環境…日本は諸外国に比べて**年次有給休暇**の取得率が低い。残業代の支払われない**サービス残業**も常態化しており，**過労死**が問題に。仕事と生活の調和(**ワーク・ライフ・バランス**)が求められる。

2 就労形態の変化

①変形労働時間制…**フレックスタイム制**❸の導入や，実際の労働時間と関係なく，あらかじめ決めた時間を働いたとみなす**裁量労働制**も見られる。

②**非正規雇用**の増加…**パートタイム**労働者や**派遣労働者**，**契約社員**の雇用が増加。非正規雇用に対する低賃金，不当解雇も問題に。また，非正規雇用者は労働組合に加入することがほとんどないため，労働組合の組織率も低下。

③**ワークシェアリング**…1人当たりの労働時間と賃金を減らすことで，複数の人で仕事を分かち合うしくみや考え方。

④在宅ビジネス(**SOHO**)…インターネットの普及に伴い，自宅や小規模のオフィスでビジネスを行う事業者も増えてきた。
　↳Small office Home office

2 女性と労働問題

1 女性の社会進出　1980年代以降，急速に男女平等と女性の社会進出が進んだが，依然として女性の労働環境・賃金・就職などは厳しいとされる。

2 **男女雇用機会均等法** 重要　1985年に**女子差別撤廃条約**に批准。これを受けて男女雇用機会均等法(1986年)が制定された。1997年，2006年に改正。女性差別や**セクシュアル・ハラスメント**(**セクハラ**)防止が企業に義務づけられた。

3 **ポジティブ・アクション**　均等法では，差別的取り扱いとは不利な扱いだけでなく，有利な扱いも含む。しかし，待遇の確保の支障となる事情を改善するために女性を有利に取り扱う措置(**ポジティブ・アクション**)は認められている。

4│ パートタイム労働法 1993年制定。パートタイマーと正規雇用労働者の格差是正が目的。パートには女性が多いため，男女格差の是正につながると期待。

5│ 労働基準法の改正 均等法改正と同時に実施。女性の深夜労働が解禁となる。

6│ 育児・介護休業法 1991年に成立，1995年に改正。育児・介護を目的とした休業を労働者の権利と認めた。時間外労働の免除なども規定。男性の育児・介護休業も認められているが，現状，休業をするのは大部分が女性である。

①育児・介護給付…育児・介護休業法に基づく。育児・介護休業者には育児休業給付制度，介護休業給付制度があり，給付金を受け取ることができる。

②職場復帰給付金…2010年に育児休業給付金に統合された。

> **要点** [女性の社会進出]
> ・男女格差の是正…男女雇用機会均等法，パートタイム労働法
> ・母体保護…育児・介護休業法

3 女性と若年層と中高年・障害者・外国人の雇用事情

1│ 若年層の雇用 新規学卒者の求人の減少に伴い，若年層の正規雇用割合が大幅に減少。非正規雇用のフリーターや進学・就職もせず，職業訓練も受けないニート(NEET)になる若者が増加。政府は，若者の雇用拡大を図るため，2013年から35歳未満の非正規雇用労働者を正規雇用労働者として採用する事業主に被若年者人材育成・定着支援奨励金(若者チャレンジ奨励金)を給付。
  └→Not in Education, Employment or Training

2│ 中高年の雇用 中高年の失業が増加。再就職が非常に厳しい中高年層に対する雇用機会の拡大や定年の延長が課題に。高齢者雇用安定法を改正(2004年)して，定年の延長により，65歳まで働くことができるようになった。

3│ 障害者の雇用 1960年に障害者雇用促進法が制定。民間企業は1.8%，官公庁や特殊法人は2.1%の障害者の法定雇用率が定められているが，達成率は不十分。

4│ 外国人労働者の問題 低賃金・劣悪な労働条件下での就労が国内外で問題となっている。不法就労者の増加や単純労働者の受け入れなど，課題が多い。

用語

❶**年功序列賃金** 勤続年数が長いほど賃金が上昇する制度。

❷**成果主義** 仕事の成果で評価して賃金を決定すること。能力給，年俸制など。

❸**フレックスタイム制** 出社・退社時間を労働者が自由に決定できるしくみ。必ず出勤しなければならない時間帯(コアタイム)が設けられることが多い。

要点チェック

↓答えられたらマーク　　　　　　　　　　　　　　　　　　　　わからなければ ⇒

- [ ] **1** 経済学者ガルブレイスが，消費者の欲望は企業の宣伝や販売活動に影響され，自律的でないことを指して，何と呼んだか。　p.138
- [ ] **2** 1960年代にアメリカのケネディ大統領が提唱した消費者の4つの権利とは，安全である権利，知らされる権利，意見を聞いてもらう権利と，あと1つは何か。　p.138
- [ ] **3** 訪問販売やクレジット契約などにおいて，一定期間内であれば契約を解消することができる制度を，何というか。　p.138
- [ ] **4** 2000年に制定され，事業者が契約にあたって事実と違う説明をした場合には契約を解除できるとした法律は，何か。　p.138
- [ ] **5** 無過失責任制度を定めた法律は，何か。　p.139
- [ ] **6** 欠陥商品を企業が回収し，無償修理する制度を，何というか。　p.139
- [ ] **7** 食中毒事件や原産地の偽装表示などが多発したことを背景に，2003年に成立した食の安全の確保を推進する法律は何か。　p.139
- [ ] **8** 旧出資法に定められた上限金利(29.2%)と，利息制限法の上限金利(15~20%)との間の金利を，何というか。　p.139
- [ ] **9** 地方公共団体や行政機関において，全国共通で本人確認情報を利用できることを目的として構築されたシステムは，何か。　p.140
- [ ] **10** 2003年に成立し，個人情報の外部へのもち出しや事業以外の目的での利用を禁止した法律は，何か。　p.140
- [ ] **11** 警察などの捜査機関が，裁判所の令状に基づき，電話・FAX・ネットの通信を傍受できるという法律は，何か。　p.140
- [ ] **12** 他人のIDやパスワードの不正使用に対する罰則や，コンピュータ管理者が講じるべき防御措置を定めた法律は，何か。　p.141
- [ ] **13** 映画，音楽，ソフトウェアなどの著作物の違法ダウンロードから保護する目的で，2002に成立した法律は，何か。　p.141

答え
1 依存効果　**2** 選択できる権利　**3** クーリング・オフ　**4** 消費者契約法
5 製造物責任法(PL法)　**6** リコール制度　**7** 食品安全基本法　**8** グレーゾーン金利
9 住民基本台帳ネットワーク　**10** 個人情報保護法　**11** 通信傍受法
12 不正アクセス禁止法　**13** 知的財産基本法

要点チェック

- □ **14** 人々の間に生じた情報通信機器の利用能力による格差のことを，何というか。 p.141
- □ **15** 1919年に設立され，第二次世界大戦後は国連の専門機関として各国の労働立法や労働条件の改善に努めている機関は，何か。 p.142
- □ **16** ナショナル・センターの指導のもと，労働組合が毎年産業ごとに賃上げ要求などの交渉を行うことを，何というか。 p.142
- □ **17** 日本の労働組合は，産業別組合と企業別組合のどちらが多いか。 p.142
- □ **18** 労働三権とは，団結権，団体交渉権と，あと1つは何か。 p.142
- □ **19** 労働組合と使用者側との団体交渉によって結ばれ，賃金，労働時間，福利厚生などの労働条件を定めたものは，何か。 p.143
- □ **20** 労働組合法で禁止されている，使用者が労働者の組合活動を妨害する行為を，何というか。 p.143
- □ **21** 労働関係調整法で規定されている労働争議の解決のための斡旋，調停，仲裁のうち，労働委員会が法的拘束力を伴った裁定を下すものは，どれか。 p.143
- □ **22** 実際の労働時間と関係なく，あらかじめ決めた時間を働いたとみなす就労形態を，何というか。 p.144
- □ **23** 1人当たりの労働時間と賃金を減らすことで，複数の人で仕事を分かち合うしくみを，何というか。 p.144
- □ **24** インターネットを利用した在宅ビジネスを，何というか。 p.144
- □ **25** 1985年に成立し，募集や採用などにおいて男女の差別を禁止した法律は，何か。 p.144
- □ **26** 採用や昇進などにおける男女間の格差を是正するため，女性に対する優遇措置をとることを，何というか。 p.144
- □ **27** 1960年に制定された障害者雇用促進法によって企業などに義務付けられている障害者の雇用割合を，何というか。 p.145

答え
14 デジタル・デバイド　**15** 国際労働機関(ILO)　**16** 企業別組合　**17** 地域労組
18 団体行動権(争議権)　**19** 労働協約　**20** 不当労働行為　**21** 仲裁　**22** 裁量労働制
23 ワークシェアリング　**24** SOHO(ソーホー)　**25** 男女雇用機会均等法
26 ポジティブ・アクション　**27** 法定雇用率

60 社会保障制度

1 社会保障のあゆみ

1｜社会保障制度のさきがけ

①**エリザベス救貧法**…1601年，イギリスで成立。「土地囲い込み」によって増加した浮浪農民を救済した。国家による公的扶助の原型と評価された。

②**ビスマルク**の社会保険制度…19世紀後半にドイツで創設。1884年には労災保険，1889年には年金保険が制定された。これらは**社会主義者鎮圧法**とともに制度化されため，「**アメとムチの政策**」と呼ばれた。

2｜社会保障制度の確立

①**社会保障法**…1935年，ニューディール政策の一環としてアメリカで成立。失業保険・老齢遺族年金保険などを内容とした。

②**ベバリッジ報告**…イギリスでは，1942年にベバリッジが提出した報告書に基づいた体系的な社会保障制度を実施した。「**ゆりかごから墓場まで**」をスローガンとして，一生を通じた社会保障政策を提唱した。

③**フィラデルフィア宣言**…1944年，ILO総会で採択。保護を必要とするすべての人に基本収入と広範な医療給付を与え，社会保障を充実させるよう勧告。

④世界人権宣言…社会保障を基本的人権の1つであるという考えを定着させた。

2 日本の社会保障制度

1｜日本の社会保障
憲法第25条の**生存権**の保障に基づいて整備。**社会保険**，**公的扶助**❶，**社会福祉**，**公衆衛生**の4つの柱から成り立つ。

2｜社会保険 重要
医療保険・年金保険・雇用保険・労災保険・介護保険からなる。疾病や負傷・失業・業務上の災害などが発生したときや，老齢で退職した場合に，拠出した保険料に基づいて一定の保険金が支給される。

①**「国民皆保険」・「国民皆年金」**制度…1958年に国民健康保険法，1959年に国民年金法を制定。農林水産業や自営業従事者を含んだ全国民の保険加入を実現。 ↳1961年

②**公的年金制度**…1986年，国民年金を全国民共通の基礎年金とした。民間企業の被用者には厚生年金，公務員には共済年金が基礎年金に上乗せされて支給される。1991年には，20歳以上の学生も国民年金への加入が義務づけられた。

社会保険	医療	健康保険（民間被用者） 国民健康保険（自営業・農業） 各種共済組合（公務員など） 船員保険 後期高齢者医療制度（長寿医療制度） （75歳以上の国民）
	年金	国民年金（20歳以上60歳未満の全国民） 厚生年金保険（民間被用者） 各種共済年金（公務員など）
	雇用	雇用保険 船員保険
	労災	労働者災害補償保険 公務員災害補償 船員保険
	介護	介護保険（40歳以上の国民）

公的扶助	生活保護	生活扶助 教育扶助 住宅扶助 医療扶助 介護扶助 出産扶助 生業扶助 葬祭扶助
社会福祉		児童福祉 母子福祉 老人福祉 障害者福祉
保健医療・公衆衛生	保健医療	結核予防 予防接種 感染症予防 精神衛生
	公衆衛生	上下水道 公害対策

▲日本の社会保障制度

3│公的扶助 全額公費負担により，生活困窮者に対して最低限度の生活を保障。生活保護法（1946年）に基づいて実施される。

4│社会福祉 全額公費負担により，社会保護や援助を必要とする児童・障害者・高齢者などに対して**各種の保護法**❷を制定し，施設やサービスを提供する。

5│公衆衛生 国民の健康を守る医療（疾病の予防・治療・健康の増進）と生活環境の整備・保全（上下水道や清掃設備の整備，公害対策）など。

> **要点** ［社会保障制度の４つの柱］
> ・**社会保険**…医療・年金・雇用・労災・介護保険
> ・**公的扶助**…生活保護法に基づいて実施される
> ・**社会福祉**…社会福祉サービスを提供する
> ・**公衆衛生**…医療と生活環境の整備・保全を目的とする

+α

❶**公的扶助** 生活・教育・住宅・医療・介護・出産・生業・葬祭の８つ。

❷**各種の保護法** 生活保護法，児童福祉法，身体障害者福祉法，知的障害者福祉法，老人福祉法，母子及び寡婦福祉法をあわせて**福祉六法**という。

61 少子高齢社会と社会保障

1 少子化の現状と取り組み

1｜少子化 2005年には，<u>合計特殊出生率</u>❶は過去最低の1.26まで落ち込んだ。
　　　　　　　　　　　　　　　　　　　　　　　　↳2011年は1.39

2｜生産年齢人口(15～64歳)の減少 少子高齢化が進行。将来の労働力不足や経済成長の停滞が懸念される。

3｜少子化対策

①**新エンゼルプラン**…1999年成立。育児休業制度の充実や，「待機児童」の解消のための保育所施設の拡充など。2004年より**新新エンゼルプラン**。

②**子育て支援に関する主な施策**(2013年現在)

- **児童手当**…中学校修了までの国内に住所を有する児童に支給。
- **育児・介護休業法**…1995年成立。子が1歳になるまでの1年間の育児休業
　　　　　　　　　　↳2009年改正
や小学校就学前の子の**看護休暇**が取得できる。また，3歳までの子を養育する労働者には，**短時間勤務制度**(1日6時間)を設けている。

2 高齢化の現状と取り組み

1｜高齢化 日本は他の先進国と比較して高齢化の進行が速い。

年代	高齢化の現状
1970年	**高齢化社会**(65歳以上の人口が総人口の7％を超える社会)に突入
1995年	**高齢社会**(65歳以上の人口が総人口の14％を超える社会)に突入
1999年	老年人口が年少人口(14歳以下の人口)を上回った
2007年	**超高齢社会**(65歳以上の人口が総人口の21％を超える社会)に突入

2｜財源確保 <u>重要</u>　高齢化が進むにつれて社会保障費が増加し，財政を圧迫している。政府は様々な方法で財源確保に努めている。

①**賦課方式**…年金の給付に要する財源をその年に調達する方式。現役世代の保険料で年金給付を賄うため，現役世代の負担が大きい。

②**支給開始年齢の引き上げ**…厚生年金や共済年金の支給開始年齢が，60歳から65歳に引き上げられた。

③**年金の一元化**…民間企業被用者の厚生年金と公務員の共済年金を統合して一元化すること。年金の官民格差是正を目的とする(2015年から実施予定)。

④**国庫負担割合の引き上げ**…2009年に基礎年金の国庫負担割合が3分の1から2分の1に引き上げられた。
⑤**その他**…年金給付水準の引き下げや保険料の引き上げを段階的に実施。

3 | 高齢者医療制度の改革 <重要>　高齢者の負担が増加するとの批判もある。

①**高齢者の医療の確保に関する法律**…2008年に**老人保健法**を改正して施行された。これに伴い、**後期高齢者医療制度**が発足した。
②**後期高齢者医療制度**…2008年から開始。後期高齢者(75歳以上)になると、それまで加入していた保険から、後期高齢者のみの独立した保険に加入する。保険料は年金から天引きされる。
③**介護保険法**❷…1997年制定。介護が必要と認められた人に、介護サービスの費用が給付されるようになった。利用者の負担は原則として1割。

> **要点　[年金の財源確保の施策と問題点]**
> ・**賦課方式**や保険料の引き上げなど…現役世代の負担の増加
> ・後期高齢者医療制度…高齢者の負担の増加
> ・国庫負担割合の引き上げ…国の財政を圧迫

3 豊かな社会をめざして

1 | ノーマライゼーション
高齢者・障害者・健常者も分けへだてなく同じ社会でともに生活していこうとする考え方。ノーマライゼーションの推進に伴い、**ユニバーサルデザイン**❸の製品や施設が増えてきている。

2 | バリアフリー社会
高齢者や障害者が生活していく上での障害(バリア)を取り除き、ともに暮らすことができる社会。2006年に**バリアフリー新法**が成立し、高齢者や障害者が利用する公共交通機関や、市役所、ホテルなどの施設の階段や段差を解消する取り組みが進められている。

用語

❶**合計特殊出生率**　1人の女性が一生の間に出産する平均的な子どもの数のこと。
❷**介護保険法**　40歳以上の人が払う保険料と国・地方公共団体が負担する公費を財源とする。運営主体は、保険者である市町村である。
❸**ユニバーサルデザイン**　年齢や障害の有無に関わらず、すべての人に使いやすいようにつくられた製品・施設・情報の設計のこと。

62 公害問題と環境政策

1 公害問題

1│ **足尾銅山鉱毒事件** 明治時代中期に渡良瀬川流域で起きた公害。日本の公害問題の原点といわれる。銅山から排出された銅・亜鉛などの鉱毒により,多くの農作物や魚類に被害が出た。国会議員の**田中正造**がこの問題の解決に努めた。

2│ 四大公害 **水俣病・四日市ぜんそく・イタイイタイ病・新潟水俣病**。四大公害訴訟ではすべて原告が勝訴した。

公害	原因	訴訟の結果
水俣病(熊本)	工場排水中の有機水銀	1973年3月原告勝訴
四日市ぜんそく(三重)	工場からの亜硫酸ガス	1972年7月原告勝訴
イタイイタイ病(富山)	鉱山から流出したカドミウム	1972年8月原告勝訴
新潟水俣病(新潟)	工場排水中の有機水銀	1971年9月原告勝訴

▲四大公害訴訟

2 環境保護に対する施策

1│ **公害対策基本法** 四大公害の発生を受け,1967年に公害防止と生活環境の保全を目的として制定された。1993年の**環境基本法**施行に伴い廃止された。

2│ 環境関連14法 1970年の「公害国会」で大気汚染防止法・水質汚濁防止法など関連法を整備。**総量規制**が採用された。1971年に**環境庁**(現**環境省**)を設置。
①濃度規制…排煙・排水などの汚染物質の濃度を決めて各企業に守らせる。
　　　　　　　　　　　　　　　　　　　　　　　　　↳含有割合
②総量規制…地域の汚染物質の総排出量を決めて,その基準を超えないように企業全体で守らせる。

3│ 環境基本法 重要　1993年成立。大気汚染・水質汚濁・土壌汚染・騒音・振動・地盤沈下・悪臭の7種類を公害と規定。国・地方公共団体・事業者・国民の責務が明記された。

4│ 公害防止の原則
①**汚染者負担の原則(PPP)** 重要 …公害防止のための費用や損害を与えた環境を元に戻すための費用は,環境汚染者である事業者が負担しなければならないという考え。
②**無過失責任の原則**…企業側に故意や過失がなくても賠償責任を義務づける。

③**環境影響評価**(**環境アセスメント**) 重要 …地域開発が自然環境にどのような影響を及ぼすかを事業者自らが事前に調査・予測・評価すること。

5 新しい公害

①**ハイテク汚染**…IC産業などの先端産業による環境汚染。ICの洗浄に使用される有機塩素系溶剤による地下水汚染が問題となっている。

②**都市・生活型公害**…ゴミ問題, 自動車の排気ガス, 騒音・振動, 光化学スモッグ, 家庭排水による河川の汚染など。

6 環境ISO
ISO(国際標準化機構)が策定した環境マネジメントに関わる国際規格(**ISO14000シリーズ**)❶。環境に配慮した経営をする企業を認証。

7 ナショナル・トラスト運動
…開発対象となっている地域を地域住民が買い取る, または地方公共団体に買い取るよう働きかけることで自然環境を保護する活動。

> **要点**
> 公害防止の施策 { 濃度規制, 総量規制, **汚染者負担の原則**, **無過失責任の原則**, 環境影響評価
> 環境保護の施策…**環境ISO**, ナショナル・トラスト運動

3 循環型社会の実現

1 循環型社会形成推進基本法❷ 重要
2000年制定。循環型社会の形成を推進するための枠組みとなる法律。廃棄物・リサイクル政策の基盤が確立された。

2 3R
限られた資源を有効活用するための取り組み。**リデュース**(ゴミを減らす), **リユース**(再利用する), **リサイクル**(再資源化する)のこと。無駄なものを断る**リフューズ**を含めて**4R**ともいわれる。

3 ゼロ・エミッション
生産・消費・廃棄などの過程において廃棄物をゼロにすること。廃棄物を有効活用することにより, **循環型社会**の実現をめざす。

+α

❶ **ISO14000シリーズ** 環境マネジメントに関わる様々な規格のこと。この中で中心となるのが,「環境マネジメントシステムの仕様」を定めているISO14001である。

❷ **循環型社会形成推進基本法** 廃棄物の増大・廃棄物の最終処分場の確保・ゴミの不法投棄などの問題を解決するため,「大量生産・大量消費・大量廃棄」型の経済社会から脱却し, 資源のリサイクルを進めることにより, 環境への負荷が少ない「循環型社会」の実現をめざしている。

63 地球環境問題

1 地球環境の破壊

1｜地球温暖化 重要　世界中の国々の工業化に伴い，二酸化炭素やメタンなど，**温室効果ガス**の排出量が増加し続け，地球温暖化が進んだ。極地の氷の融解が進み，低地・島嶼国の水没，異常気象などが懸念されている。

①**気候変動枠組み条約（地球温暖化防止条約）**…1992年，締結。**気候変動枠組み条約締約国会議（COP）**を中心に温暖化防止の対策が検討された。
　└Conference of the Parties

②**京都議定書**…1997年，第3回気候変動締約国会議（COP3）で採択。2005年発効。温室効果ガスの数値削減目標を決めた。**排出枠**が先進国に割り当てられ，それを超える排出量がある場合，相互に**排出量取引**ができる（**京都メカニズム**）。

③**京都議定書の発効**…2001年，アメリカは離脱。2005年，ロシアの批准で発効。温室効果ガス排出の削減義務をめぐっては，先進国と発展途上国間の対立があり，課題が多い。環境問題は「共通だが差異のある責任」として，取り組み方に差異を設けるべきだという意見もある。

2｜オゾン層の破壊　冷蔵庫の冷媒や洗浄剤・スプレーに使用されていた**フロンガス**は，オゾン層を破壊する。オゾン層が破壊されると紫外線が地表に大量に降り注ぎ，皮膚ガンや白内障などを引き起こす。

①**オゾン層保護のためのウィーン条約**…1985年に採択。

②**モントリオール議定書** 重要　…1987年。フロンガスの使用を国際的に規制。多くの分野で**フロンが廃止**❶された。この議定書では，発展途上国のフロン使用は認めるなど，課題もある。

3｜野生生物種の減少　乱獲・環境汚染，それにともなう生態系の破壊等により，多くの生物が絶滅の危機に瀕している。

①**ワシントン条約**❷…1973年。野生動植物の国際取引などを規制した。しかし，密猟・違法取引は今なお続いている。

②**ラムサール条約**…1971年。湿地や水鳥，また水鳥を中心とする生態系の保護などを目的とする。日本では釧路湿原などが登録され，保全が図られている。

4｜酸性雨　工場や自動車の排気ガスから放出される窒素化合物や硫黄酸化物が原因。森林，農作物，河川・湖沼の酸性化による生物の死滅，建造物の腐食など

が引き起こされている。ヨーロッパで広範な地域の森林の木を立ち枯れさせた。ドイツのシュヴァルツヴァルトや北欧諸国の森林での被害などがある。

5｜熱帯林の減少　伐採や焼畑農業をはじめとする大規模農地開発により熱帯林が大幅に減少。**砂漠化**の原因ともなっている。熱帯林は大量の二酸化炭素を吸収するため、その減少は地球温暖化の促進要因にもなっている。

6｜水資源の減少　人口爆発や工業化により生活・農業・工業用水のための水資源の確保は世界的に難しさを増している。多くの国が水不足に陥っており、各国の水資源確保・開発の動きは活発になっている。食料輸入大国である日本の食料の安定供給と密接な関係をもつ問題である。

2 環境問題への国際的取り組み

1｜国連人間環境会議（ストックホルム会議）　1972年、スウェーデンのストックホルムで開催。「**かけがえのない地球**」がスローガンとして掲げて、**人間環境宣言**を採択した。これを受けて、**国連環境計画（UNEP）** が設置された。
　　　　　　　　　　　　　　　　　　　　　　　　↳United Nations Environment Programme

2｜国連環境開発会議（地球サミット） 重要　1992年、ブラジルのリオデジャネイロで開催された開発と環境保護の調和のための対策会議。

①**リオ宣言**…「**持続可能な開発**」を基本理念として採択された。また、環境保護の行動計画として**アジェンダ21**が策定された。

②**気候変動枠組み条約**…地球温暖化を防ぐ。
　（→p.154）

③**生物多様性条約**…生物の多様性を生態系・種・遺伝子の3つで捉え、生物多様性の保全や持続可能な利用などを取り決めた。

3｜環境・開発サミット　2002年、南アフリカのヨハネスブルクで開催され、**ヨハネスブルク宣言**を採択。「持続可能な開発」の具体的な実施計画も採択。

> **要点**　[地球環境問題への取り組み]
> ・国連人間環境会議…人間環境宣言、国連環境計画（UNEP）
> ・国連環境開発会議（地球サミット）…リオ宣言、アジェンダ21
> ・環境・開発サミット…ヨハネスブルク宣言

+α

❶フロンの廃止　日本ではフロン回収破壊法、家電リサイクル法、自動車リサイクル法などでフロンを規制・廃止。

❷ワシントン条約　野生動植物の生体だけでなく、死体や毛皮、骨、牙、角、皮膚、葉、根など体の一部も規制の対象となる。

64 資源・エネルギー問題

1 資源・エネルギー問題

1│省エネと新エネルギー 工業化や人口爆発により，資源・エネルギー消費は増え続けている。こうした事態への様々な対応が試みられている。

①**省エネ社会**…エネルギー資源の大量消費の見直しが必要。**環境技術**などの新たな技術開発により，省エネ・省資源の生産・消費体制に切り替える。

②**新エネルギー**…太陽光・風力・地熱・バイオマス・シェールガス・**メタンハイドレート**❶などの**新エネルギー**や，水素を活用した燃料電池などの開発が進む。発電効率の向上・低コスト化など，実現には課題も多い。さらに，**スマートグリッド**❷という新電力網の実施実験も進んでいる。また，**コジェネレーション**❸と呼ばれる電力・熱の同時併給なども行われている。
　↳日本周辺の海域で採掘

2│再生可能エネルギー 重要　エネルギー資源として，**枯渇性資源**(石炭・石油・天然ガスなどの**化石燃料**やウランなど)と**再生可能な資源**(太陽光・太陽熱・地熱・風力・バイオマスなど)がある。現在，再生可能エネルギーの実用化も促進されている。

3│原子力エネルギー 重要

発電コストの安定，温室効果ガスを排出しないことから原子力をクリーン・エネルギーと捉える向きもあった。現在，日本の一次エネルギーに占める原子力の割合は10％ほどである。また日本政府は，使用済み燃料をさらに発電用燃料として再処理・利用する**核燃料サイクル**(→p.157)を推進してきた。
　↳2010年の場合

①**原子力の利点**…二酸化炭素排出を抑制できて，電力安定供給が比較的容易であること。

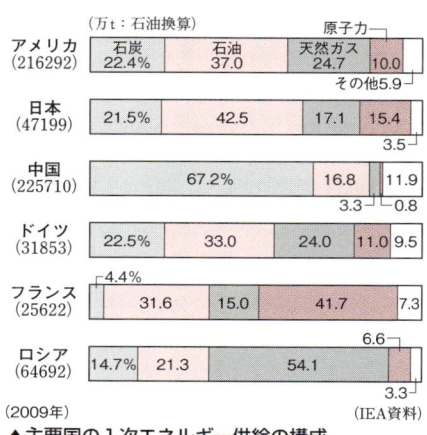

	石炭	石油	天然ガス	原子力	その他
アメリカ (216292)	22.4%	37.0	24.7	10.0	5.9
日本 (47199)	21.5%	42.5	17.1	15.4	3.5
中国 (225710)	67.2%	16.8	3.3	0.8	11.9
ドイツ (31853)	22.5%	33.0	24.0	11.0	9.5
フランス (25622)	4.4%	31.6	15.0	41.7	7.3
ロシア (64692)	14.7%	21.3	54.1	6.6	3.3

(万t：石油換算)　(2009年)　(IEA資料)

▲主要国の1次エネルギー供給の構成

②**原子力の問題点**…放射性廃棄物の処理や廃炉に環境面・コスト面で重大な課題がある。原子力の低コスト化はこうした課題の先送りなどによって得られており，また事故が起きた場合の被害・損失は甚大なものになる。これらのことから行政や企業の**説明責任**（アカウンタビリティー）が問われている。

③**福島第一原発事故**…2011年3月，東日本大震災により発生した原発事故で，多くの周辺住民が避難生活を強いられている。人体・農畜産・海洋水産・水源への深刻な悪影響の懸念がある。今なお，事故の収束や汚染された広範な地域の除染については目処が立っていない。**原子力行政の見直しが進んでいる。**

④**核燃料サイクル**…原子力発電によって出たプルトニウムを再使用する核燃料の循環。**高速増殖炉**の建設や**プルサーマル発電**の計画を推進してきたが，使用済み燃料の再処理が追いつかないことや中間貯蔵施設の問題など，多くの課題を抱える。高速増殖炉開発は**もんじゅ**の事故で事実上停止。

> **要点**
> 新エネルギーへの取り組み ┤ **再生可能エネルギー**の実用化の促進
> **シェールガス**の開発・利用
> **メタンハイドレート**の研究・開発

2 日本の資源・エネルギー政策

1│省エネへの取り組み　石油危機をきっかけとして各企業は自主的な省エネ・低コスト化に取り組んできた。また政府はエネルギー安定供給・エネルギー安全保障の観点から，石油に代わる**代替エネルギー**の必要性を認識し，早くから代替エネルギーの開発を進めてきた（日本のエネルギー自給率は現在4％ほど）。

2│資源・エネルギー庁　1973年，設置。現在，経産省の外局となっている。

3│サンシャイン計画とムーンライト計画　1974年，石油に代わるエネルギー開発をサンシャイン計画として推進。1978年，省エネルギー技術の開発をムーンライト計画として推進。現在はこの2つは統合され，**新サンシャイン計画**として行われている。

用語

❶**メタンハイドレート**　天然ガスと水が結合した固体の結晶。天然ガスの一種。

❷**スマートグリッド**　スマートメーターなど通信制御機能を活用する柔軟かつ安定した送電システム・電力網。

❸**コジェネレーション**　熱電併給。発電の排熱などを利用してエネルギー効率を高める新しいエネルギー供給システム。

要点チェック

↓答えられたらマーク　　　　　　　　　　　　　　　　　　　わからなければ ↪

- **1** 1601年にイギリスで成立し,「土地囲い込み」の犠牲者を救済し, 現在の公的扶助の原型といわれる法律は, 何か。　p.148 **1** 1)
- **2** イギリスで1942年に提出され,「ゆりかごから墓場まで」をスローガンとした社会保障制度の基となった報告書は, 何か。　p.148 **1** 2)
- **3** 1944年にILO総会で採択され, 必要とするすべての人に基本収入と医療給付を保障するよう勧告した宣言は, 何か。　p.148 **1** 2)
- **4** 日本の社会保障制度の4つの柱とは, 社会保険, 社会福祉, 公衆衛生と, あと1つは何か。　p.148 **2** 1)
- **5** 1人の女性が一生の間に出産する平均的な子どもの数を示す数字を, 何というか。　p.150 **1** 1)
- **6** 入所を希望する保育所が満員で, 保育所に入所できない状態にある児童ことを, 何というか。　p.150 **1** 3)
- **7** 1995年に成立(2009年改正)した, 育児や介護を目的とした連続休業の取得や短時間勤務制度を定めた法律は, 何か。　p.150 **1** 3)
- **8** 65歳以上の人口が総人口の14%を超える社会を, 何というか。　p.150 **2** 1)
- **9** 年金給付に要する財源をその期間の保険料で賄う方式を, 何というか。　p.150 **2** 2)
- **10** 2008年から, 75歳以上の高齢者のための独立した保険制度が開始されたが, これを何というか。　p.151 **2** 3)
- **11** 高齢者・障害者・健常者の分けへだてなく同じ社会でともに生活していこうとする考え方を, 何というか。　p.151 **3** 1)
- **12** 高齢者や障害者が生活していく上での障害を取り除き, ともに暮らすことができる社会を何というか。　p.151 **3** 2)

答え

1 エリザベス救貧法　**2** ベバリッジ報告　**3** フィラデルフィア宣言　**4** 公的扶助
5 合計特殊出生率　**6** 待機児童　**7** 育児・介護休業法　**8** 高齢社会　**9** 賦課方式
10 後期高齢者医療制度　**11** ノーマライゼーション　**12** バリアフリー社会

- ☐ **13** 四大公害の発生を受け，1967年に公害防止と生活環境の保全を目的として制定された法律は，何か。　p.152
- ☐ **14** 排煙・排水の総量に対する汚染物質の含有割合を規制することを，何というか。　p.152
- ☐ **15** 環境基本法により規定された7種類の公害とは，大気汚染・土壌汚染・騒音・振動・地盤沈下・悪臭と，あと1つは何か。　p.152
- ☐ **16** 公害防止費用や損害を与えた環境を元に戻すための費用は，環境汚染者である事業者が負担しなければならないという考え方を，何というか。　p.152
- ☐ **17** 開発が自然環境にどのような影響を及ぼすかを事業者自らが事前に調査・予測・評価することを何というか。　p.153
- ☐ **18** 開発対象となっている地域を地域住民が買い取ることで自然環境を保護する活動を，何というか。　p.153
- ☐ **19** 2000年に制定され，廃棄物・リサイクル政策の枠組みを確立した法律は，何か。　p.153
- ☐ **20** 生産・消費・廃棄に伴う過程において発生する廃棄物をゼロにしようとする考え方を，何というか。　p.153
- ☐ **21** 1997年の第3回気候変動締約国会議（COP3）で採択され，温室効果ガス削減の数値目標を定めた議定書を，何というか。　p.154
- ☐ **22** 1987年に採択され，フロンガスの排出を規制した議定書は，何か。　p.154
- ☐ **23** 1992年の国連環境開発会議（地球サミット）において採択されたリオ宣言の基本理念は，何か。　p.155
- ☐ **24** 新エネルギーのうち，日本周辺の海域での採掘が可能となり，実用化が期待される固体化した天然ガスを，何というか。　p.156
- ☐ **25** 2011年3月，東日本大震災により発生した原発事故は，何か。　p.157

答え
13 公害対策基本法　**14** 濃度規制　**15** 水質汚濁　**16** 汚染者負担の原則（PPP）
17 環境影響評価（環境アセスメント）　**18** ナショナル・トラスト運動
19 循環型社会形成推進基本法　**20** ゼロ・エミッション　**21** 京都議定書　**22** モントリオール議定書　**23** 持続可能な開発　**24** メタンハイドレート　**25** 福島第一原発事故

65 貿易と国際分業

1 国際分業と国際貿易

1│ 国際分業 貿易を通じて生産を分担すること。次の2つの形態がある。
① **垂直的分業**…製品を組み立て，最終加工する(技術集約的工程)国と，原材料・部品をつくる(労働集約的工程)国間の分業。主に先進国と発展途上国間。
② **水平的分業**…異なる工業製品を生産し，貿易を行う。主に先進国間で行われる。

2│ 貿易の形態
① **自由貿易**…国家の干渉がなく，自由に行われる貿易のこと。
② **保護貿易**…輸入品に高い関税を課すなどして，自国の産業の保護・育成を図る。
　　　　　　　↳保護関税

2 国際分業と自由貿易

1│ 自由貿易の考え 重要　イギリスの経済学者**リカード**は，『経済学および課税の原理』の中で**比較生産費説**を展開し，自由貿易・国際分業の利益を主張。

① **比較生産費説**…各国が自国に適した商品の生産に**特化**(生産を集中すること)し，これを相互に貿易するのが双方に有利とする考え。

② **国際分業の利益**

　ⓐ **特化前**…両国が貿易をしなければ，ポルトガルは170人でワイン・毛織物を各1単位ずつ生産。一方イギリスは220人で各1単位ずつ生産することになる。
　　↳合計2単位
　　↳合計2単位

特化前	ワイン1単位の生産に要する労働力	毛織物1単位の生産に要する労働力
ポルトガル	80人	90人
イギリス	120人	100人

　ⓑ **比較優位**…自国の他産業と比較しての優位のこと。表によると，ポルトガルはワイン生産に比較優位があり，イギリスは毛織物生産に比較優位があることがわかる。それぞれ，比較優位にあるものに特化する。

特化後	ワインの生産	毛織物の生産
ポルトガル	170人の労働者で2.125単位	―
イギリス	―	220人の労働者で2.2単位

　ⓒ **特化後**…ポルトガルは特化しない場合と比べて，同じ労働力でワインを0.125単位(170人÷80人)増産でき，イ

ギリスは毛織物を0.2単位(220人÷100人)増産できる。つまり、各国は特化して貿易すれば、同じ労働者の数で全体の生産量が増えることになる。

2 | 自由貿易体制とWTO
①**WTOと貿易紛争**…特定の輸入品目に対する関税などで相手国と外交紛争となった場合は、WTOが勧告を行ったり、相手国がWTOに提訴することもある。
②セーフガード…WTOが認める緊急輸入制限措置。特定品目の輸入急増によって国内産業に重大な損害が生じる場合、関税の引き上げや**関税割当制度**❶、輸入数量制限、輸入ライセンス停止などの措置をとることができる。

3 保護貿易

1 | リストの保護貿易論 重要
ドイツの経済学者**リスト**は著書『政治経済学の国民的体系』の中で**保護貿易論**を主張し、アダム=スミスやリカードの自由貿易論は先進国の理論であると批判した。また、当時の発展途上国ドイツの国内産業の保護・育成と工業化を目指す、「幼稚産業保護論」を唱えた。

2 | 自由貿易と途上国
リストの考えは、ドイツの工業化に向けた保護貿易・産業政策の基礎となった。また、戦後日本の産業政策や、急速に発展した東アジア諸国等の例もまた、産業保護育成政策が後発国・途上国の発展に役立つことを示している。

3 | 貿易制限の方法
自国内の産業や雇用の保護、安全保障や国民の利益を守るために関税や各種の規制・規格を設けている。これらの規制は、自由貿易を妨げる**関税障壁**❷・**非関税障壁**❸であるとして国内外から批判される場合がある。

> **要点**
> [国際分業] ・水平的分業、垂直的分業
> ・貿易の形態…自由貿易(リカード)、保護貿易(リスト)
> ・比較生産費説…比較優位に特化
> ・貿易制限…関税障壁、非関税障壁

用語
❶**関税割当制度** 一定輸入量を超えた場合に高い関税を課すことができる制度。
❷**関税障壁** 他国の商品の流入を制限するため、輸入品に高関税を課すこと。高い関税で壁をつくる。
❸**非関税障壁** 関税以外の貿易障壁。輸入に対する数量制限や、輸出の際の輸出補助金、また、その国特有の工業規格や衛生・安全基準なども非関税障壁の1つとされている。

66 国際収支と外国為替

1 国際収支

1│ 国際収支 重要　ある一定期間(普通は1年間)の国際間の経済取引における支払い・受け取りの勘定を記録したもの。**経常収支**と**資本収支**,**外貨準備増減**(国が保有する外貨の増減),誤差脱漏(統計上の誤差)からなる。

2│ 経常収支 一国の対外的収入と支出の差額。**貿易・サービス収支**と**所得収支**,経常移転収支からなる。

① **貿易・サービス収支**…財・サービスの取引による収支。このうち貿易収支は財の輸出入,サービス収支は,海外旅行や著作権・特許料などの支払いなど。

② **所得収支**…投資収益と雇用者報酬に分類。投資収益は利子・配当の受払の収支。雇用者報酬は労働者への賃金の受払の支払。

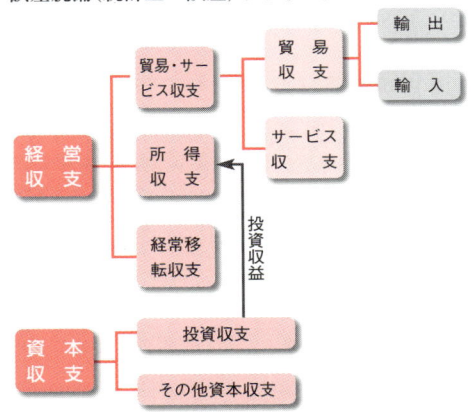

```
                    ┌─ 貿易 ──┬─ 輸 出
         ┌─ 貿易・   │  収支   └─ 輸 入
         │  サービス収支
経常 ────┤           └─ サービス収支
収支     ├─ 所得収支 ←─┐
         │              │投資収益
         └─ 経常移転収支 │
                        │
資本 ────┬─ 投資収支 ───┘
収支     └─ その他資本収支
```

▲国際収支の体系(外貨準備増減,誤差脱漏をのぞいたもの)

③ **経常移転収支**…国際機関への拠出金や無償の援助・送金など。

3│ 資本収支 対外資産・債権・債務の増減などによる通貨の出入。**投資収支**とその他資本収支に大別される。海外投資が多くなると赤字となる。

① **投資収支**…**直接投資・証券投資**(→p.163)などに分類される。海外企業の買収や不動産取得などに加えて,株式や金融商品の購入など。

② **その他資本収支**…円借款や特許権・著作権の取得などによる通貨の出入。

4│ 経常収支と資本収支 重要　経常収支と資本収支は連動している。

① **経常収支の赤字**…経常収支の赤字を埋め合わせるのに外国からの借り入れを行へば,資本収支は黒字(プラス)になるが,対外債務が増加する。

② **経常収支の黒字**…黒字分の海外での運用が行われるので,資本収支は赤字となるが,対外債権が増加する。

③**証券投資と所得収支**…証券投資が増え，資本収支が赤字となる場合，利子・配当の形で所得収益が増える。所得収支のプラスとなる。

5│外貨準備増減[❶]　外貨準備（政府や中央銀行が保有する外国通貨など）の増減を記したもの。政府や中央銀行が，為替介入をして円売り・ドル買いを行うと，外貨準備は増加する。逆に，円買い・ドル売りを行うと外貨準備は減少する。

2 国際資本移動

1│国際資本移動　投資収支は投資対象により，直接投資と証券投資に分けられるが，こうした資本の移動は国際資本移動と呼ばれる。

①**直接投資**…不動産や生産財・海外への工場移転など実物資産への投資。

②**証券投資**…資金貸借や有価証券売買など金融資産への投資。弾力的な運用が可能であるが，突然資本の回収・流出が行われることもある。

2│金融市場での証券投資と投機　株式・通貨の取引を通じて短期的な収益を上げようとする際，急激に大規模な資本移動が起こる。投資信託銀行や**ヘッジファンド**（金融投資グループ）は，経済混乱や通貨危機を引き起こす場合もある。

3 為替相場

1│外国為替取引　自国通貨と外国通貨の交換の取引のこと。

2│為替相場（為替レート）　自国通貨と外国通貨の交換比率のこと。

円高→輸入に有利，輸出に不利。**円安**→輸出に有利，輸入に不利。

3│為替相場の変動要因　為替相場は自国通貨と外国通貨それぞれの需要・供給関係によって決まる。変動要因として主なものは，各国の物価水準，金利水準，国際収支の動向などの**ファンダメンタルズ**（経済の基礎的条件）である。

> **要点　［円高・円安の影響］**
> ・**円高**…輸出減少，輸入増加→景気後退の傾向
> ・**円安**…輸出増加，輸入減少→景気拡大の傾向

+α

❶**外貨準備増減**　例えば，円高・ドル安の是正の必要があると通貨当局が判断した場合，円売り・ドル買いを行う。この結果，外貨準備は増加する。逆に，円安にふれ過ぎていて円買い・ドル売りを行った場合，外貨準備は減少する。外貨準備高が増えると，対外資産の増加として収支のマイナスに記帳される。例えば円売りを行うと，外貨準備増減はマイナスに記帳される。

67 IMFとWTO

1 ブレトンウッズ体制

1) ブレトンウッズ協定 【重要】
1944年,アメリカのブレトンウッズに連合国の首脳が集まり,協定を結んで,**国際通貨基金**(**IMF**)と**国際復興開発銀行**(**世界銀行,IBRD**)の設立を決めた。
→International Monetary Fund
→International Bank for Reconstruction and Development

① **ブレトンウッズ体制**…IMFを中心とした戦後の国際金融・通貨体制。為替安定と貿易拡大を通じた生活水準の向上・完全雇用実現を目的とした。

② **国際通貨基金**(**IMF**)…為替相場の安定のために為替制限の撤廃を促す。国際収支の赤字国には一時的に短期資金を供給する。アメリカドルを基軸通貨とし,為替相場の変動を上下1%以内に抑える固定為替相場制を基本とした。また,外貨不足による短期的な赤字に直面した国への**短期融資**を行うための国際通貨**SDR**(**特別引出権**)が,1969年に創設された。ただし,融資国には緊縮財政や金利引き上げなど,厳しい条件(コンディショナリティ)が課せられた。
→Special Drawing Rights

③ **国際復興開発銀行**(**世界銀行,IBRD**)…当初は,戦災からの復興・開発を目的とした。現在は発展途上国への**長期融資**を行い,経済開発を支援。

2) IMF通貨体制の動揺と崩壊

① **金・ドル本位制**…金1オンス=35ドルとして,アメリカドルを**基軸通貨**(キー・カレンシー)とする**固定相場制**であった。

② **ドル不安**…アメリカは,経済復興を遂げた日本・欧州との間で貿易赤字が続いた。さらに企業の多国籍化による資本収支の赤字,ベトナム戦争への介入,途上国経済援助の増加や国内のインフレが続き,経常収支の赤字が続いた。

③ **ニクソン・ショック**…1971年,ニクソン大統領は金とドルの兌換を停止した。**スミソニアン合意**によって1オンス=38ドル,1ドル=308円にドル切り下げ。ブレトン・ウッズ体制は崩壊。1973年に先進国は**変動相場制**へ移行。

④ **キングストン合意**…金・ドル交換の停止,変動相場制への全面移行が承認。
→1976年

> **要点** [ブレトンウッズ体制]
> ・**国際通貨基金**(**IMF**)…為替制限の撤廃と短期融資による経済援助
> ・**国際復興開発銀行**(**世界銀行,IBRD**)…長期融資による経済援助

2 サミット，プラザ合意

1 サミット（先進国首脳会議）
第1次石油危機後の世界経済を立て直すため，1975年から毎年開催。

①**G7からG20へ**…当初はアメリカ，日本，西ドイツ，イギリス，フランス，イタリアの6か国が参加。翌年からカナダが加わり，**G7**となった。1998年からロシアが加わり**G8**となり，名称も**主要国首脳会議**に。また，今日では，20か国・地域（**G20**）による首脳会議も開催されている。

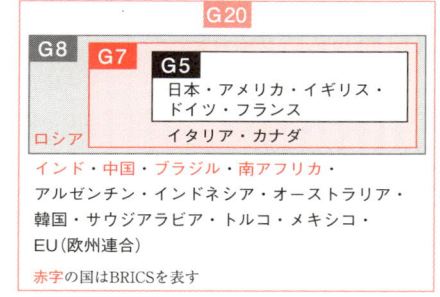

G20		
G8	**G7**	**G5** 日本・アメリカ・イギリス・ドイツ・フランス
ロシア		イタリア・カナダ

インド・中国・ブラジル・南アフリカ・アルゼンチン・インドネシア・オーストラリア・韓国・サウジアラビア・トルコ・メキシコ・EU（欧州連合）

赤字の国はBRICSを表す

▲首脳会議のグループ

②**双子の赤字**…アメリカの財政赤字と経常収支の赤字→ドル高に。

2 プラザ合意　
G5各国がニューヨークのプラザホテルに集まり，ドル高是正のために各国が協調して為替介入を合意。これ以後急速に，円高ドル安が進んだ。

3 ルーブル合意　
1987年，G7の先進7か国の財務相・中央銀行総裁会議によって，いきすぎたドル安にならないように安定を図ることで合意。

3 GATTからWTOへ

1 GATT（関税および貿易に関する一般協定）【重要】
↳General Agreement on Tariffs and Trade
1948年発足，「**自由・無差別・多角**」の原則に基づく，自由貿易拡大が目的（IMF・GATT体制）。

2 ウルグアイ・ラウンド❶
1986～94年。農業，**知的財産権（知的所有権）**の保護，サービス貿易のルールづくりが交渉の対象。また，WTOの設立が決定。

3 WTO（世界貿易機関）　
↳World Trade Organization
1995年，GATTを引き継ぐ形で設立。

①**ネガティブ・コンセンサス方式**…ルール違反国に対する措置の決定方式。全加盟国が反対しない限り採択されるので，措置が取りやすい。

②**加盟国の拡大**…2001年に中国，2011年にロシアが加盟。

+α

❶**ウルグアイ・ラウンド**　ラウンドとは，多角的交渉の場のこと。1対1の交渉形式では交渉が進まないことから，利害関係国が多角的に交渉する。その他，ケネディ・ラウンド（1964～67年），東京ラウンド（1973～79年）などがある。

68 地域的経済統合

1 欧州の経済統合

1│ECからEUへ 1993年，**EC**(欧州共同体)は**マーストリヒト条約**に基づき**EU**(欧州連合)に発展した。経済統合に加え，外交・安全保障の分野でも統合が進んだ。加盟国は東欧まで拡大し，28か国となっている(2013年7月)。
→European Community
→European Union

2│EU(欧州連合) 重要

①**ECB(欧州中央銀行)**…1998年に設立。1999年には欧州の単一通貨，ユーロを導入。ユーロは2002年から現金通貨としても使われるようになった。

②**リスボン条約**…2007年，調印。EU大統領(欧州理事会常任議長)，EU外相(外務・安全保障政策上級代表)が置かれた。

③**欧州債務危機**…ユーロ参加国は財政赤字をGDPの3％以下にするというルールがある。世界的な金融危機から**ギリシャ財政危機**までの流れの中で，有効な金融・財政政策がとれなかった。現在，欧州金融安定化基金の創設によって対応にあたっている。

2 各地の経済統合

1│経済統合の進展 環太平洋地域，北米，南米などの地域で経済統合が進んでいる。WTOによる交渉が難航する中で2国間，また地域間で**FTA(自由貿易協定)**，**EPA(経済連携協定)**の締結を積極的に進めている。
→Free Trade Area
→Economic Partnership Agreement

2│FTAとEPA FTA(自由貿易協定)が関税・**非関税障壁**の撤廃・除去を目指すのに対し，EPA(経済連携協定)は人的交流の拡大，知的財産権保護，投資ルールなどの整備など，より積極的な経済協力関係を目指す。

3│各地の経済統合の動き 重要

①**APEC(アジア太平洋経済協力会議)**…1989年にオーストラリアの提唱で発足。日本，アメリカ，中国，ロシアを含む21か国・地域で構成されている。
→Asia-Pacific Economic Cooperation

②**AFTA(ASEAN自由貿易地域)**…1993年発足の自由貿易協定。ASEAN(東南アジア諸国連合)加盟国10か国による関税・非関税障壁の軽減を目指す。
→ASEAN Free Trade Area

③**NAFTA(北米自由貿易協定)**…1994年，アメリカ・カナダ・メキシコによって発足。先進国と途上国間の自由貿易協定。貿易・投資の自由化を進める。
→North American Free Trade Agreement

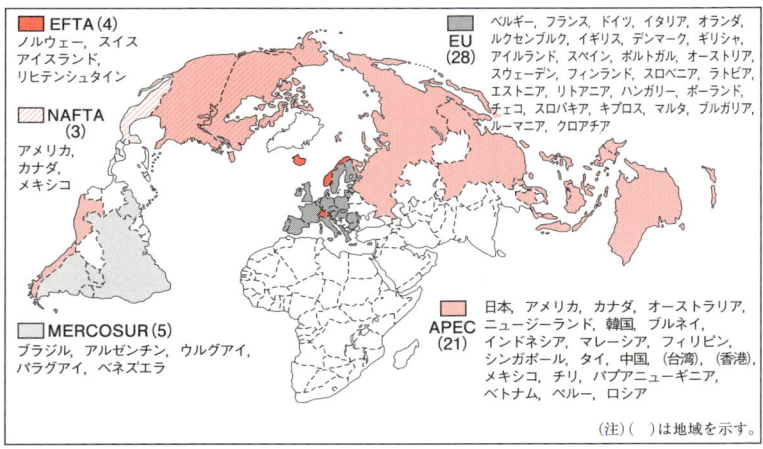

```
┌─────────────────────────────────────────────────────────────┐
│ EFTA(4)                    ベルギー, フランス, ドイツ, イタリア, オランダ,    │
│ ノルウェー, スイス        EU    ルクセンブルク, イギリス, デンマーク, ギリシャ,   │
│ アイスランド,            (28)  アイルランド, スペイン, ポルトガル, オーストリア,  │
│ リヒテンシュタイン              スウェーデン, フィンランド, スロベニア, ラトビア,   │
│                               エストニア, リトアニア, ハンガリー, ポーランド,    │
│ NAFTA                         チェコ, スロバキア, キプロス, マルタ, ブルガリア,   │
│ (3)                           ルーマニア, クロアチア                        │
│ アメリカ,                                                                 │
│ カナダ,                                                                   │
│ メキシコ                                                                   │
│                                    日本, アメリカ, カナダ, オーストラリア,      │
│                                    ニュージーランド, 韓国, ブルネイ,            │
│                              APEC  インドネシア, マレーシア, フィリピン,         │
│ MERCOSUR(5)                  (21)  シンガポール, タイ, 中国, (台湾), (香港),    │
│ ブラジル, アルゼンチン, ウルグアイ,         メキシコ, チリ, パプアニューギニア,        │
│ パラグアイ, ベネズエラ                    ベトナム, ペルー, ロシア                │
│                                   (注)( )は地域を示す。                   │
└─────────────────────────────────────────────────────────────┘
```

▲地域的経済統合(2013年7月)

④**MERCOSUR(南米南部共同市場)**…1995年、ブラジル・アルゼンチン・ウルグアイ・パラグアイによって発足。現在ベネズエラを加えた5か国。域内無関税、対外共通関税をとる。

4 日本の地域的経済協定 重要

①**EPA(経済連携協定)**…2002年、シンガポールとの間で締結された。その後メキシコ・マレーシア・フィリピン・チリ・タイ・ブルネイ・インドネシア、ASEAN、ベトナム、スイス、インドと結んでいる。

②**TPP(環太平洋戦略的経済連携協定)**…現在、環太平洋地域の国々と経済
　└ Trans-Pacific Strategic Economic Partnership Agreement
の自由化を目的とした戦略的パートナーシップの交渉が進んでいる。

> **要点** [地域的経済統合]
> ・FTA…2国間、地域間。関税・非関税障壁を撤廃し、自由貿易を目指す
> ・EPA…2国間、地域間。貿易・投資・人の移動の自由化を促進する
> ・TPP…多国間で関税の撤廃や経済の自由化・ルールづくりを目指す

用語

❶**EC** ECSC(欧州石炭鉄鋼共同体)、EEC(欧州経済共同体)、EURATOM(欧州原子力委員会)が統合され、ECとなった。

❷**ギリシャ財政危機** 2009年10月のギリシャの政権交代により、財政赤字の隠蔽が暴露されたことに始まる経済危機。

69 経済のグローバル化

1 国際経済と日本

1｜貿易摩擦 重要　貿易などをめぐる通商上の問題。特にアメリカに対し1950年代以降、繊維、鉄鋼、カラーテレビ、自動車、半導体の輸出をめぐって対立が起こった。

①経済摩擦…1980年代からアメリカは日本の製品が不当廉売(ダンピング)❶であると主張し、不当な輸入障壁が存在しているとして批判した。アメリカの姿勢は徐々に強硬なものとなり、金融・流通をはじめとした日本市場の閉鎖性を問題にするようになった。アメリカは一方的な経済制裁を定めた「スーパー301条」を適用して対抗し、こうして経済摩擦に発展した。

②日米構造協議…1989年、アメリカは日本の市場開放を強く求めた。1993年からの日米包括経済協議では日本の経済構造の改革にまで問題が発展した。

2｜プラザ合意と円高　プラザ合意(→p.163)以降の円高によって、内需主導経済への切り替えを進めた日本だったが、90年代まではまだ内需の割合は比較的少なかった。このため、アメリカは内需主導を強く求めるようになった。

①海外移転…日本の輸出産業は海外移転・現地生産へ切り替えていった。また、国内向け製品を製造する企業も海外工場で生産し、国内に輸入するようになった。この結果、産業の空洞化、雇用の不安定化が問題となった。

②金融自由化…貿易摩擦は一部抑えられたが、アメリカの対日輸出が振るわなかったため、アメリカは日本経済の構造的問題であるとして、金融の自由化などを要求した。1996年以降、金融ビッグバン(→金融制度改革)によって大規模な自由化と外資導入が進むこととなった。

2 グローバル化する経済

1｜グローバル経済　貿易・資本の自由化による労働力・商品・サービス・資本が国家の枠を超えて流通する地球規模の経済。

①グローバル・スタンダード…世界標準として、投資家の保護、市場原理主義、規制の打破、自由化であり、経済活動・投資活動の妨げを取り除く動きが中心。また、製品などの規格を統一しようとする動きもある。

11章 国民経済と国際経済

②**多国籍企業**…活発に対外直接投資を行い，海外現地法人や合弁会社の設立，M＆Aなどで世界中に拠点を増やしている。
(→p.107)

③**新興国への投資**…高い経済成長率を示している新興国や投資のチャンスのある国・地域には世界中から投資が殺到している。国土・人口・潜在的需要の巨大な **BRICS**（ブラジル・ロシア・インド・中国・南アフリカ）はグローバルな投資を呼び込んでいる。
↳南アフリカを除いてBRICsとも表記

2│グローバル金融市場 重要　為替リスクを避けるために開発された金融派生商品（デリバティブ）が金融市場で大量に出回るようになった。

①**ポートフォリオ**…安全性や収益性を考えた，有利な分散投資の組み合わせ。為替の値動きが激しくなってきたため，投資家がリスク回避を図りながら金融派生商品を買うようになった。

②**サブプライム・ローン**…アメリカの低所得者の住宅購入のために貸し付けられたローン。多くのデリバティブに組み込まれていた。審査が甘いかわりに金利が高く，貸し倒れも多かった。2008年，不良債権化して問題が顕在化（**サブプライム・ローン問題**）し，**世界金融危機**に発展した。

③**ヘッジファンドと通貨危機**…ヘッジファンドは，投資家たちから私的に出資を募る投資信託の組織である。グローバルに投資先を探し，莫大な投機資金を移動させて収益を上げる。1997年，タイから発生した**アジア通貨危機**，1998年のロシア通貨危機，2008年の世界金融危機を引き起こす要因となった。

④**金融システム安定化**…各国中央銀行は金融機関に資金供給を行って金融システムの安定化を図った。G20の金融サミットが開かれ，ヘッジファンドや**タックスヘイブン**❷（租税回避地）への規制・監視を強化することが決定された。

要点　[グローバル化する経済]

・**多国籍企業**…現地法人やM＆Aなどで世界中に拠点を増やす
・**ヘッジファンド**…莫大な投機で国際経済に影響を及ぼす→**世界金融危機**に発展

用語

❶**ダンピング**　外国市場を確保するため，国内の販売価格より不当に低い値段で商品を輸出すること。
❷**タックスヘイブン**　外資獲得や外国資本を呼び込む目的で，企業や富裕層の所得や資産に対して無税または低い税率しか課さない国や地域。マネーローンダリング（資金の出所を消す）の温床となる。

70 南北問題と日本の役割

1 南北問題

1│ 南北問題 発展途上国と先進国との間の経済格差をめぐる問題。
　　　　　　　↳南半球に多い　↳北半球に多い

2│ 途上国の発展阻害要因

①**モノカルチャー経済**…一次産品に依存するモノカルチャー経済から脱却できないところが多い。これにより先進国との経済格差が広がった。

②**その他の要因**…教育・医療の不足や欠如，内戦，高い人口増加率など。

3│ 後発途上国（LDC） 途上国の中でも，資源に乏しく開発も遅れている国々。
↳Least Developed Countries
途上国間格差が進み，**南南問題**が生じている。

4│ UNCTAD（国連貿易開発会議） 重要　1964年設立。**プレビッシュ報告**[1]
↳United Nations Conference on Trade and Development
に基づいて途上国支援の目標がたてられた。

①**特恵関税制度**…途上国からの輸入品の関税を他国に対するものより低く設定。GATTの**最恵国待遇**[2]の原則の例外。

②**援助目標**…先進国は，GNP比1％の援助を行うことを目標とする。

③**一次産品の価格安定**…途上国経済は価格の不安定な一次産品を主要輸出品目としており，貿易・経済状態が価格変動に左右されるため。

5│ 資源ナショナリズム 途上国が，自国の資源を主権と捉え，取り戻す動き。

①**OPEC（石油輸出国機構）**…1960年設立。中東の産油国が**メジャー（国際石油資本）**から石油の価格・産出量決定権などを奪取。1973年，第4次中東戦争の勃発を受けて石油価格を大幅に引き上げ，第1次**石油危機**が発生。
↳Organization of the Petroleum Exporting Countries

②**NIEO（新国際経済秩序）**…1974年，国連の資源特別総会で採択。資源保有国による天然資源の恒久主権，多国籍企業に対する規制・監視，一次産品の価格の安定化など。
↳New International Economic Order

6│ 途上国への支援 途上国の支援の様々な国際的な枠組みが設けられた。

①**DAC（開発援助委員会）**…OECDの下部機関。途上国への援助拡大を図る。
↳Development Assistance Committee　　　　　↳経済協力開発機構

②**ミレニアム開発目標** 重要　…2000年，**国連ミレニアム宣言**が採択され，
↳MDGs
その中にまとめられた。2015年までに極度の貧困と飢餓の撲滅，初等教育の完全普及，男女平等と女性の地位の推進など。

③**フェアトレード**…発展途上国の原料や製品を適正な価格で購入すること。

2 ODAと日本の役割

1| ODA(政府開発援助) 外務省所管の独立行政法人JICA(国際協力機構)
 └ Official Development Assistance   Japan International Cooperation Agency
によって,途上国に対する資金・技術提供が行われている。

2| ODA大綱 1992年策定された。ODA実施の4つの基本原則。2003年改定。

①環境と開発の両立
②軍事目的の使用への回避
③軍事支出や武器輸出などへの注意
④民主化の促進や市場経済の導入などへの注意

3| ODAの構成 発展途上国に直接行う援助と,国際機関を通じた援助がある。

①二国間援助…返済義務を課さない無償資金協力(贈与)と青年海外協力隊などによる技術協力,また長期返済・低金利で開発資金を貸し付ける有償資金協力(円借款)からなる。

②多国間援助…国際機関を通じて行われる有償資金協力。

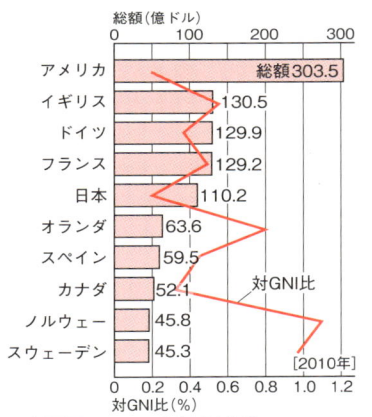

総額(億ドル)

国	総額
アメリカ	総額303.5
イギリス	130.5
ドイツ	129.9
フランス	129.2
日本	110.2
オランダ	63.6
スペイン	59.5
カナダ	52.1
ノルウェー	45.8
スウェーデン	45.3

対GNI比(%) [2010年]

▲主要国のODAと対GNI比

4| 日本のODAの特徴 総額は大きく,DAC加盟国のうちで上位を占めるが,
                                              └ 5位(2012年)
対GNI比では低い。
└ 0.17%(2012年)

要点

[ODAの構成]

・二国間援助 { 無償資金協力(贈与) + 技術協力
              有償資金協力(円借款) }

・多国間援助…国際機関への拠出(有償資金協力)

用語

❶**プレビッシュ報告** 第1回UNCTAD(1964年)において,事務局長プレビッシュが提出した発展途上国援助に関する基調報告。

❷**最恵国待遇** 特定の国に対して行っている関税などの優遇措置を他の国にも適用すること。

要点チェック

↓答えられたらマーク　　　　　　　　　　　　　　　　　　わからなければ

- **1** 主に先進国間で行われ，異なる工業製品を生産し，貿易を通じて交換する形式の国際分業を，何というか。　p.160
- **2** 各国が自国に適した商品の生産に特化し，これを相互に貿易するのが双方に有利であるとする考えを，何というか。　p.160
- **3** 特定品目の輸入急増が国内産業に重大な損害を与えている場合に認められる関税の引き上げや輸入数量制限措置は，何か。　p.161
- **4** 『政治経済学の国民的体系』の中で保護貿易論を主張したドイツの経済学者は，だれか。　p.161
- **5** 経常収支には，貿易・サービス収支と経常移転収支のほかに，何があるか。　p.162
- **6** 政府や中央銀行が為替介入を行った際の外貨の収支の増減を，何というか。　p.163
- **7** 自国通貨と外国通貨の交換比率を，何というか。　p.163
- **8** 国際通貨基金(IMF)が行う短期融資のために創設された国際通貨を，何というか。　p.164
- **9** 主に発展途上国への長期融資を行う国連の専門機関は，何か。　p.164
- **10** 金とドルの交換の停止および変動為替相場制への全面移行が承認された合意は，何か。　p.164
- **11** アメリカが抱える財政赤字と経常収支赤字の2つの赤字を指して，何というか。　p.165
- **12** 1948年に発足して，「自由・無差別・多角」の原則の下，貿易の自由化を推進してきた機関は，何か。　p.165
- **13** 全加盟国が反対しない限り採択されるWTOの議決方式を，何というか。　p.165

答え

1 水平的分業　**2** 比較生産費説　**3** セーフガード　**4** リスト　**5** 所得収支
6 外貨準備増減　**7** 為替相場(為替レート)　**8** SDR(特別引出権)
9 国際復興開発銀行(世界銀行，IBRD)　**10** キングストン合意　**11** 双子の赤字
12 GATT(関税及び貿易に関する一般協定)　**13** ネガティブ・コンセンサス方式

要点チェック

- **14** 2007年に調印され，EU大統領とEU外相が置くなど，EUの制度改革が行われた条約は，何か。 p.166
- **15** 1994年に発足したアメリカ・カナダ・メキシコ3か国間の自由貿易協定を，何というか。 p.166
- **16** 日本が経済協力や人的交流などを目的として，シンガポールやインドなど，複数の国や地域と締結している経済協定を，何というか。 p.167
- **17** 1996年から行われ，金融商品や外国為替取引などの大規模な自由化をもたらした金融制度改革を，何というか。 p.168
- **18** 工業化が進み，高い経済成長率を見せるブラジル・ロシア・インド・中国・南アフリカを総称して，何というか。 p.169
- **19** 為替変動によるリスクを避けるために開発された金融派生商品を，何というか。 p.169
- **20** 富裕層や投資家から私的に大口の資金を集めて運用し，高い収益を追求する投資信託の組織を，何というか。 p.169
- **21** 特定の一次産品に依存する経済を，何というか。 p.170
- **22** 途上国の中でも，資源に乏しく開発も遅れている国々を，何というか。 p.170
- **23** 主に発展途上国の貿易や開発の促進と南北問題の格差是正のために国連が設置した機関を，何というか。 p.170
- **24** 発展途上国の輸出促進や経済発展を図るため，発展途上国から輸入される一定の農水産品，鉱工業産品に対し，一般の関税率よりも低い税率を適用する制度を，何というか。 p.170
- **25** 1974年に国連資源特別総会において採択され，天然資源や一次産品に対する発展途上国の利益を重視した宣言は，何か。 p.170
- **26** 日本では，JICA（国際協力機構）によって行われている途上国に対する資金・技術提供を，何というか。 p.171

答え
14 リスボン条約　**15** NAFTA（北米自由貿易協定）　**16** EPA（経済連携協定）
17 金融ビッグバン　**18** BRICS　**19** デリバティブ　**20** ヘッジファンド
21 モノカルチャー経済　**22** 後発途上国（LDC）　**23** UNCTAD（国連貿易開発会議）
24 特恵関税制度　**25** NIEO（新国際経済秩序）　**26** ODA（政府開発援助）

ケース・スタディ 1

少子高齢社会と社会保障

我が国では少子化と高齢化が急速に進み，合計特殊出生率は低下する一方である。また，そうした社会を支える財政的基盤が危うくなっている。

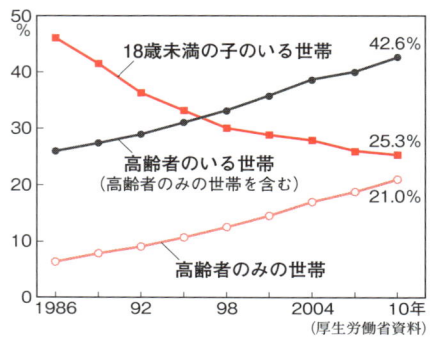

▲高齢者のいる世帯の割合

課題 少子高齢化に政府主導で対応すべきか？自助努力によるべきか？

❶ 政府主導による福祉を重視する立場

少子化対策として児童手当や保育所の拡充をはじめとする対策を行うべきである。最低限度の生活を保障する**セーフティネット**や様々な福祉・支援が無ければ，多額の養育費のためにさらに少子化に拍車がかかることになる。また，年金受給開始年齢の引き上げや減額医療・介護制度の改悪は社会的弱者である高齢者の切り捨てであり，同時に現在の若者の人生設計をさらに難しくする。持続可能な社会の構築のためには，**公助**(国の支援)は欠かせないものである。

❷ 自助努力を重視する立場

年金制度の厳しい見通しや，一般会計予算を圧迫し続ける膨大な医療等の福祉費用を考慮すれば，もはやこれまでと同じように社会保障制度を維持していくことは困難である。経済成長により税収を確保し，**プライマリー・バランス**(→p.117)を健全化することでしか社会保障サービスは提供し続けられない。現状，社会保障は最低限のものにとどめるべきである。個人の人生設計は厳しくなるが，国の**公助**よりも，個人の**自助**・地域社会の**共助**により切り開くべきである。

対策例

- 子育てや高齢者の支援→地域社会，ボランティア，NPOによる協力
- 子育てや高齢者の介護と仕事との両立→職場の環境改善や周囲の人々の理解

(関連ページ) p.54～57, p.116～119

ケース・スタディ 2

地域社会の変貌

地域経済が衰退し、地方財政の厳しさが増すなか、地方分権一括法などによる地方分権改革が行われている。一方で、地方に大きな権限や財源を移譲することに反対の声もある。

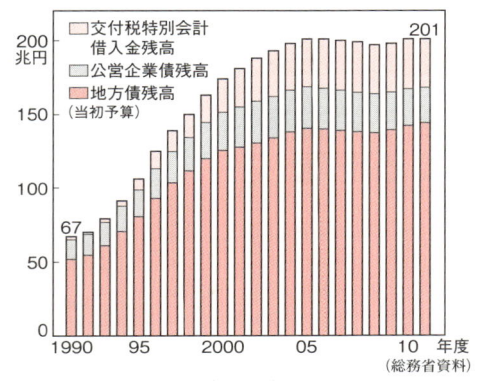

▲地方財政の借入金残高の推移（凡例：交付税特別会計借入金残高／公営企業債残高／地方債残高（当初予算））

課題 さらなる地方分権によって住民自治・団体自治の原則を徹底すべきか？

❶ 地方分権推進の立場から

現状、地方への権限や税源移譲が進んだとはいえ、国の指導監督・規制は強い。地方から中央官庁に支援をお願いする陳情、いわゆる「霞が関詣で」は現在も続いており、地方は中央に統制されている感が強い。この状況では地方自治の本旨は達成されているとは言い難く、各自治体の経営や住民の自治意識は高まらない。より大幅に分権を推進し、各自治体の自立、特色ある地方自治、各地の住民のニーズにあったサービスなどを行い、地域と経済を活性化していくべきである。

❷ 国の主導を重視する立場

地方財政が厳しい状況にあり、夕張市のように事実上破綻して財政再生団体となる自治体も増えることが予想される。地方の財政的自立が望ましいが、自立できる権限を与えたとしても自立経営できるかは疑問である。また、地方分権を進めた場合、自治体が行政サービスを適切に提供できないケースや地域間格差の拡大が想定される。国主導による地方の問題解決のほうが効率的であり、現実的である。これらのことから、これ以上の分権には慎重な姿勢で臨むべきである。

対策例
- 国民的議論によって、地方分権のビジョンの明確化する
- 地方の財政的自立に向けて経営感覚を身に付ける
- 国の統制主導から、地方分権に向けた育成主導へと切り替える

3編 現代社会の諸課題　　　　　　　　　　　　　　　　　　　　　（関連ページ）p.142～145

ケース・スタディ 3

雇用と労働をめぐる問題

雇用の規制緩和が進んで、年功序列賃金・終身雇用が消えていく一方で、多くの職場で能力主義の導入が見られた。2000年代の派遣労働対象職種の拡大に始まり、派遣切りや正規社員の解雇条件緩和などが議論されるようになった。

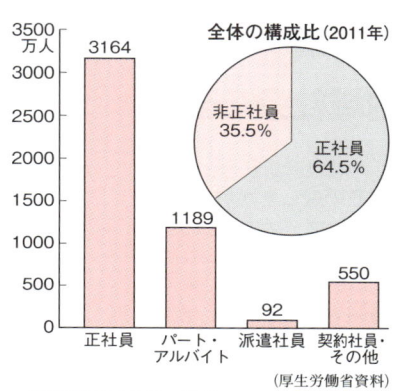

▲形態別雇用者数の推移（厚生労働省資料）

課題 雇用形態はどうあるべきか？
　　 どこまで労働者の権利は守られるべきか？

❶ 労働者保護の観点・雇用安定化の観点

持続的な経済成長の大きな妨げとなるのが、人々の「将来への不安」である。不安定な雇用条件、賃金が過度に抑制された状況下では、人々は消費を控え、将来に備えて貯蓄する。加えて年金制度が先行き不透明な情勢があるため、人々の将来への不安は大きい。また、**能力主義**は、実際には生産性を高めるどころか、職場環境を大幅に悪化させ、実力が発揮できないことがあるといわれる。

❷ 労働力をより柔軟に活用しようとする立場・使用者の立場

日本の人件費は高く、企業の収益を圧迫してきた。また、**年功序列賃金**や**終身雇用**に伴う勤労意欲・生産性の低下が問題である。労働力を柔軟に活用し、流動的な情勢や産業構造の転換に対応していかなければ企業が生き残ることも難しく、雇用が守られるどころか国内の雇用の空洞化が進む恐れもある。

対策例
- 定年制の延長、働く意欲のある高齢者への職場の提供
- 正規社員の賃金の見直し、ワークシェアリングなどの導入
- パートタイマーや派遣労働者の活用と保護
- 職能給や年俸制などで、意欲と能力の高い労働者を評価する
- 雇用者がコンプライアンス意識を高め、職場環境を改善するよう努力

(関連ページ) p.144〜145

ケース・スタディ 4

格差社会

ローレンツ曲線に示されるように，我が国の所得格差は拡大している。2000年代，貧困層の増加は明確になり，社会問題化してきた。

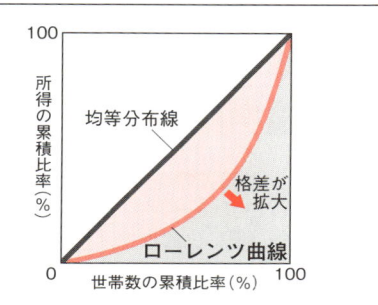

ローレンツ曲線は，所得の低い世帯から高い世帯に順に並べた場合の所得の累積比率を示している。人々の所得格差が大きくなるほど，ローレンツ曲線は原点を通る45度の直線（均等分布線）から遠ざかる。

▲ローレンツ曲線

課題 格差解消に努めるべきか？ 格差を容認すべきか？

❶ 格差解消の立場からの意見

各個人の自由な経済活動の結果，人々の間で格差が拡大し，社会に**貧困**が生み出されることは19世紀以降，現在に至るまで主要な政治的・経済的論点であり続けてきた。貧困は社会不安・政治不安の要因でもある。また貧困は教育の機会を奪うため，世代を超えて継承される。また，経済的には格差が増大すると，経済成長が鈍るため，経済成長のためにも**セーフティネット**は必須である。

❷ 格差容認の立場からの意見

一方，所得格差を解消しようという試みが国民の経済的自由権を侵害している，または財政の圧迫やモラルハザードを招いているという意見もある。現在，**新自由主義**や自由至上主義の立場をとる人は，格差を解消する制度や，労働条件などについての規制を批判する人が多い。格差・平等の問題については，様々なアプローチがあり，例えば**結果の平等**と**機会の平等**を分けて考える人も多い。

対策例
- セーフティネットによる所得格差・不平等の解消
- 個人の自由・幸福追求の観点と，社会全体の利益からの観点をもつ
- 格差・平等をどう捉えるかについて多様な観点に触れる

ケース・スタディ 5

農業と食料問題

日本の農業就業人口の約60%は65歳以上の高齢者で、狭い耕地面積、低い生産性、割高な農産物価格といった問題を抱えている。さらに現在、TPP交渉で日本の農業の先行きは大いに懸念されている。

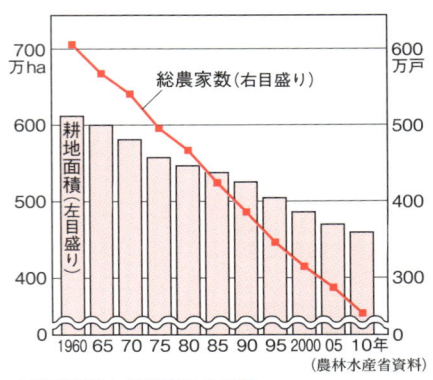

→2012年

▲耕地面積と総農家数の推移
（農林水産省資料）

課題 日本の農業は自由化されるべきか？保護されるべきか？

❶ 農業の自由化を進めるべきとする立場

自由貿易の原則から、日本が農業を自由化しないことは問題であり、諸外国の理解も得られないといえる。また農業保護は日本の農業の**国際競争力の向上**の機会を奪った。日本の消費者は割高な価格で農産物を買っている。自由化を進め、消費者への安い価格での農産物提供、日本の農業の国際競争力の向上を進めるべきである。

❷ 農業の保護を続けるべきとする立場

農産物は**食料安全保障**の観点から考えて、自由貿易の原則に従わせるべき分野ではない。食料を他国に依存した国の多くが極めて大きな政治的損失を負っており、そのリスクは計り知れない。また、保護をなくして農業の国際競争力が向上するかといえば、小区画性の高い日本の地理的特性や、農業人口の高齢化という厳しい現状のために、壊滅する恐れがある。国家的リスクと消費者利益の追求・自由貿易原則論を秤にかける過ちを犯してはならない。

対策例
●農業の生産効率を高める…大規模経営への転換、バイオテクノロジー技術の応用
●ブランド力を高める…消費者のニーズに合った商品開発
●加工・流通・販売までを視野に入れた経営、インターネットを利用した販売システムの確立

(関連ページ) p.152〜155

ケース・スタディ 6
温暖化対策

1990年代以降，地球温暖化への国際的取り組みが進展。京都議定書の排出量取引に見られるように，先進国に排出規制を課そうとする動きが強い。

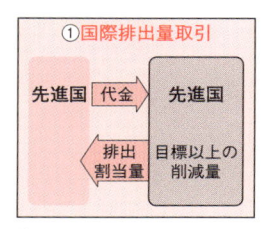

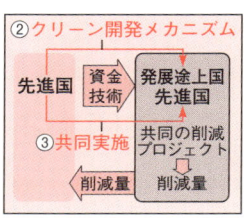

①**国際排出量取引**…他国から余った排出枠を買い取り，自国の排出枠に加える制度。

②**クリーン開発メカニズム**…先進国と発展途上国が共同で排出削減事業を実施し，生じた削減分に応じて自国の排出枠を増やせる制度。

③**共同実施**…②の排出削減事業を先進国間で行う。

▲京都メカニズムのしくみ

課題 国際的な温暖化対策への取り組みをどのように進めるべきか？

❶ 先進国と途上国の枠組みをめぐる対立

1992年に成立した**気候変動枠組み条約**（→p.154）以来，各国に温暖化ガスの排出削減目標や排出規制への取り組みが義務付けられるようになった。1997年成立の**京都議定書**（→p.154）では，**京都メカニズム**（①国際排出量取引，②クリーン開発メカニズム，③共同実施）（→p.154）を導入し，効果的に先進国の温暖化ガス排出量を減らそうとした。しかし，当時排出量世界1位だったアメリカが発効前に離脱。また現在世界1位の排出国である中国は依然として途上国並みの待遇を求めるなど，自国の経済成長を優先させる立場をとり，効果的な枠組み成立は困難になっている。

❷ 「持続可能な開発」の観点から

環境問題や資源・エネルギー・貧困問題等を包括的に扱う理念として「**持続可能な開発**」が掲げられている。環境・資源の有限性，環境と両立し持続しうる開発，将来世代に負う責任に重点が置かれる。したがって，こうした枠組みは，各国の現時点での利害だけによらず，すべての国の成長・発展の可能性を考慮に入れた上で公正が確保されるものでなければならない。

対策例
- 先進国の途上国への協力や，公平さに配慮した途上国との交渉
- 一国の経済成長だけを追求する価値観に対し，「**持続可能な開発**」の価値観の普及

ケース・スタディ 7

TPPに関する議論

・実質GDPが0.66%（3.2兆円）増加

世界的にFTAやEPAが数多く結ばれ、地域的経済統合が進む中、日本はTPP（環太平洋戦略的経済連携協定）参加の方向で交渉に臨んだ。TPP参加の是非をめぐって国内では数多くの議論が行われ、懸念の声も多く聞かれた。

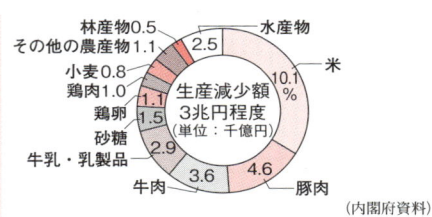

▲関税撤廃した場合のマクロ経済効果（上）と農林水産物の生産減少額（下）

課題 日本は、TPPのような経済統合を進めるべきか？

❶ 日本のTPP参加に賛成する立場

　TPPによって域内の**関税障壁・非関税障壁**（→p.167）が取り払われ、自由貿易が行われることにより、域内の市場が1つになり、域内の経済成長が進む。消費者は安価で質の良い財・サービスを受け取ることができる。現在規制がある分野にも新規参入が可能となる。また、成熟期の日本が今後、中国、インド、ブラジルなどの**規模の経済**をもつ国に対抗して政治的・経済的なプレゼンス（→存在感）を確保するためにも、環太平洋の経済的結び付きを強め、一体化を推進することが重要である。

❷ TPP参加に反対する立場

　TPPがどれだけ経済成長を牽引するかは疑問である。また、TPPにはISD条項があり、投資家が規制を非関税障壁として**国際投資紛争解決センター**に訴えることが可能である。訴えが認められれば、多額の賠償金を払わなければならないうえ、国民福祉や消費者保護のための制度・規制の存続についての判決を国際投資紛争解決センターに委ねることとなり、実質的な主権移譲である。

対策例
● TPPの内容や国内の必要な規制・制度についてよく認識する
● 食料自給率や国防なども含めて幅広い視点から考える

ケース・スタディ 8

人種・民族問題と地域紛争

冷戦終結後,民族紛争や民族の分離・独立の動きが噴出した。その中で,コソボ紛争(1996〜99年)では,虐殺や難民の発生が深刻になり,NATOによる「人道的介入」と呼ばれる軍事介入(空爆)が行われた。

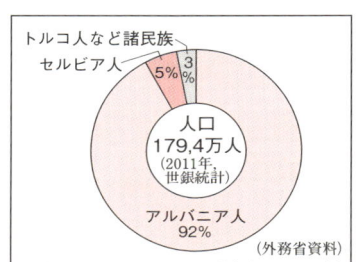

ボスニア・ヘルツェゴビナ紛争(1992〜95年)終了後,難民となったセルビア人が入植し,一時的にセルビア人の割合が高くなった。その後コソボ紛争が勃発し,約20万人のセルビア人がコソボ外に国内避難民として退去した。

▲コソボの民族構成

課題 紛争地域への軍事介入を是認するか？ 法的手段など別の道を模索すべきか？

❶ 人道的介入を認める立場

人道的介入は,紛争地域内で虐殺や非人道的行為が発生している場合に,危急の際のやむを得ない措置として認められる。1999年のNATOによるセルビア人武装勢力に対する空爆は,安全保障理事会の承認を得ていないが,国連でも認められている「保護する責任」の観点から正当化されている。制度的保証があることが望ましいので,国連総会の決議などを根拠として,制度・法体系を整備していくべきである。

❷ 人道的介入を認めない立場

人道的介入という言葉のもとに,際限なく攻撃が行われるおそれがある。国連憲章やNATO憲章のどこにも根拠規定が存在しない介入は,国際的な安全保障体制を揺るがす恐れがある。また,紛争地域内の民族の意思を無視することでもあり,民族自決主義にも反する。国際法の秩序の枠内で対応し,軍事介入などは努めて避けるべきである。

対策例
- 人道的介入の法制化や制度の整備に向けて議論を行う
- 人道的介入のもたらす有形・無形の弊害の可能性について理解を深める
- 民族紛争においても人道・人権などの最低限の尊重を求めていく

3編 現代社会の諸課題　　　　　　　　　　　　　　　　　　　　　　　　　　　（関連ページ）p.92～93

ケース・スタディ 9

国際社会における日本の役割

諸国家の国益がぶつかりあう国際社会において，日本は自らの国益を主体的に追求しつつ国際社会の期待に応えるにはどのような姿勢をとるべきか，国民の判断が常に求められている。

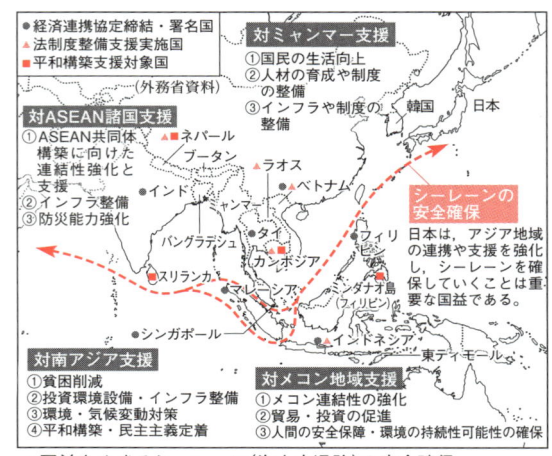

- ●経済連携協定締結・署名国
- ▲法制度整備支援実施国
- ■平和構築支援対象国

（外務省資料）

対ミャンマー支援
① 国民の生活向上
② 人材の育成や制度の整備
③ インフラや制度の整備

対ASEAN諸国支援
① ASEAN共同体構築に向けた連結性強化と支援
② インフラ整備
③ 防災能力強化

シーレーンの安全確保
日本は，アジア地域の連携や支援を強化し，シーレーンを確保していくことは重要な国益である。

対南アジア支援
① 貧困削減
② 投資環境設備・インフラ整備
③ 環境・気候変動対策
④ 平和構築・民主主義定着

対メコン地域支援
① メコン連結性の強化
② 貿易・投資の促進
③ 人間の安全保障・環境の持続性可能性の確保

▲国益をめぐるシーレーン（海上交通路）の安全確保

課題 日本は国際協調を重視するべきか？国益を追求するべきか？

❶ 国際協調を重視する立場

国益の追求は，時に関係国との衝突や関係の悪化をもたらし，双方の不利益になる。自国の利益を追求するよりも，国家間の経済格差や環境・難民・人権問題などで国際的に主導的立場に立って活動し，**国際協調**の枠組みの中で解決を図っていくことで，全人類の平和や幸福（人類益）に寄与できるのである。

❷ 国益をより主体的に追及する立場

国家は，国民に対しての責任を果たさなければならない。国益の追求は国民の生命・財産，その他の無形の利益を守ることである。国民の権利，特に生命・財産・名誉などが侵害されるような事態に対しては，毅然とした態度で**国際社会**に主張していくべきである。国際協調の精神は重要であるが，国民の利益・不利益についての判断を怠ってはならない。

対策例
- ●人類共通の利益や理念に立って行動する
- ●日本国民の立場に立って，「我々がどうありたいか」を考え続ける
- ●ODA（政府開発援助），地球環境問題の解決への資金や技術協力，PKO（国連平和維持活動）による平和構築，NGO（非政府組織）の活動など

さくいん

A～Z

AFTA	166
APEC	166
ARF	87
ASEAN自由貿易地域	166
ASEAN地域フォーラム	87
BRICS	169
COP	154
CSR	107
CTBT	91
DAC	170
EC	166
ECB	166
EPA	166,167
EU	87,166
e-コマース	140
FTA	166
G7	165
G8	165
G20	165
GATT	165
GATT11条国	129
GDP	110
GDPデフレーター	112
GHQ	24
GNI	110
GNP	110
IBRD	164
ILO	142
IMF	164
IMF8条国	129
INF全廃条約	91
IT革命	140
IT基本法	140
JICA	171
LDC	170
M&A	107
MERCOSUR	167
NAFTA	166
NATO	84
NGO	87
NI	111
NIEO	170
NNP	111
NNW	111
NPO法	57
NPT	90
ODA	171
ODA大綱	171
OECD	129
OPEC	170
OSCE	87
PKF	81
PKO	80,81
PLO	89
PL法	139
PPP	152
PTBT	90
SALTⅠ	91
SALTⅡ	91
SDR	164
SOHO	144
STARTⅠ	91
STARTⅡ	91
TPP	167,180
UNCTAD	170
UNDP	93
UNEP	155
UNHCR	89
WTO	165

あ

アカウンタビリティー	157
赤字国債	119
アクセス権	36
アジア・アフリカ会議	85
アジア太平洋経済協力会議	166
アジア通貨危機	169
アジェンダ21	155
足尾銅山鉱毒事件	152
アダム＝スミス	96
新しい人権	36
斡旋・調停・仲裁	143
圧力団体	60
アパルトヘイト	89
天下り	48
アムネスティ・インターナショナル	87
アメとムチの政策	148
アメリカ独立宣言	12
アメリカの政治体制	19
アラブの春	87
安価な政府	96
安全保障理事会	78
安定恐慌	128

い

委員会	44
イギリスの政治体制	18
育児・介護休業法	145,150
違憲法令審査権	11,19,30,42,53
依存効果	138
イタイイタイ病	152
一党制	61
一般意思	12
一票の格差	67
1府12省庁	49
イニシアティブ	56
委任立法	48
イラク戦争	87
医療保険	148
インフォームド・コンセント	37
インフラストラクチャー	104
インフレーション（インフレ）	124
インフレターゲット	125

う

ウィルソン	77
ウェストファリア条約	72
失われた10年	130
浦和事件	50
ウルグアイ・ラウンド	135,165

え

永久平和のために	73,77
エスノセントリズム	89
エドワード＝コーク	11
エリザベス救貧法	148
エンクロージャー	96
エンゲル係数	104
エンゲルス	100
冤罪	53
円高・円安	163
円高不況	130

お

オイル・ショック	99
王権神授説	12
欧州安全保障協力機構	87
欧州債務危機	166
欧州中央銀行	166
欧州連合	87,166
大きな政府	9,98
大津事件	50
オスロ条約	91
汚染者負担の原則	152
オゾン層の破壊	154
オゾン層保護のためのウィーン条約	154
オタワ条約	91
オープン・マーケット・オペレーション	122
温室効果ガス	154
恩赦	47
オンブズマン	49

か

改革開放政策	21,101
外貨準備増減	163
会計検査院	117
外交	75
外交三原則	92
外交特権	74
外国為替取引	163
介護保険	148
介護保険法	151
解散	43,46
会社企業	106
会社法	106
開発援助委員会	170
開発独裁	61
外部経済	109
外部不経済	109
科学的社会主義	100
価格の下方硬直性	109
価格の自動調節作用	108
下級裁判所	51
閣議	47
格差社会	177
核燃料サイクル	156,157
核兵器拡散防止条約	90
革命権	12
家計	104,105
かけがえのない地球	155
影の内閣	18
貸出業務	121
カシミール紛争	89
可処分所得	104
化石燃料	156
寡占	108
価値尺度	120
価値貯蔵手段	120
合併・買収	107
家庭内労働法	143
株式	106
株式会社	104,106,107
株主	106,107
株主総会	107
貨幣	120
貨幣数量説	125
ガリオア・エロア	128
カリスマ的支配	8
カルテル	108
ガルブレイス	138
過労死	144
為替業務	121
為替相場（為替レート）	163
環境ISO	153
環境影響評価（環境アセスメント）	153
環境影響評価法（環境アセスメント法）	36
環境・開発サミット	155
環境関連14法	152
環境基本法	152
環境権	36
環境庁（環境省）	152
関税および貿易に関する一般協定	165
間接金融	120
間接税	118
間接選挙	19
間接民主制	17
完全競争市場	108
完全雇用	98
環太平洋戦略的経済連携協定	167,180
カント	73,77
監督の原理	17
管理価格	109
管理通貨制度	122
官僚制	48

き

議員定数不均衡	67
議院内閣制	18,42,46
企業	104,106
企業の社会的責任	107
気候変動枠組み条約	154,155,179
気候変動枠組み条約締約国会議	154
基軸通貨	164
起訴	52
規則制定権	50
基礎的財政収支	117
期待インフレ率	125
北大西洋条約機構	84
キチンの波	113
基本的人権	26,27
基本的人権の尊重	16,25
旧敵国条項	80
キューバ危機	85
教育の義務	39
教育を受ける権利	34
供給	108
供給曲線	108
恐慌	113
教書	19
共生	93

さくいん

行政	46,48
行政委員会	49,55
行政監察官	49
行政手続法	49
京都議定書	154,179
京都メカニズム	154,179
狂乱物価	130
居住・移転および職業選択の自由	33
拒否権	78
緊急集会	43
緊急調整	143
キングストン合意	164
銀行	121
均衡価格	108
銀行の銀行	122
欽定憲法	24
金・ドル本位制	164
金本位制度	122
金融	120
金融機関	120
金融資本	97
金融政策	122,125
金融ビッグバン	168
金利	120
勤労の義務	39
勤労の権利	34,142

く

クズネッツの波	113
クラスター爆弾禁止条約	91
グラスノスチ	86
グリーンGDP	111
クーリング・オフ	138
グリーン購入法	107
グロティウス	72,74
グローバル化	168
グローバル・スタンダード	168

け

計画経済	100
景気循環（景気変動）	112
景気調整の機能	116
経済安定9原則	128
経済協力開発機構	129
経済社会理事会	79
経済主体	104
経済循環	105
経済成長率	112
経済相互援助会議	84
経済特区	21,101
経済の自由	32,38
経済民主化政策	128
経済連携協定	166,167
警察予備隊	28
刑事裁判	52
刑事被告人の権利	53
刑事補償請求権	35
傾斜生産方式	128
経常収支	162
契約自由の原則	10,142
ケインズ	98
現金通貨	120
原告	52
検察官	52,53
検察審査会	53
原子力エネルギー	156
建設国債	119
現代型無関心	69
減反政策	134
憲法改正	30
憲法改正の発議	45
憲法改正要綱	24
憲法第9条	28
憲法調査会	31
憲法の番人	50
権利章典	11
権力の抑制と均衡	13

こ

公開市場操作	122
公海自由の原則	74
公害対策基本法	152
交換手段	120
公企業	104,106
後期高齢者医療制度	151
好況	112
公共財	109
公共サービス	104,105,109
公共の福祉	33,38
合計特殊出生率	150
広告・宣伝	109
公債	118,119
耕作放棄地	135
公私合同企業	104,106
公衆衛生	148,149
工場制機械工業	97
工場制手工業	96
工場法	97
公職選挙法	66
硬性憲法	30
公正取引委員会	108
交戦権の否認	29
控訴	52
構造改革	62,131
構造改革特区法	57
拘束名簿式	66
公聴会	44
公的扶助	148,149
高度経済成長	128,130
高度情報社会	140
後発途上国	170
幸福追求に対する国民の権利	37
合法的支配	8
公民権運動	89
綱領	60
高齢化	150
高齢者雇用安定法	145
国益	182
国債	117,119
国際慣習法	72,74
国際刑事裁判所	73
国際公法・国際私法	74
国際司法裁判所	73,79
国際社会	72,182
国際収支	162
国際収支の天井	129
国際人権規約	15
国際通貨基金	164
国際復興開発銀行	164
国際分業	160
国際紛争	88
国際法	72,74
国際連合	78,80
国際連合憲章	78

国際連盟	77	子どもの権利条約	15	サブプライム・ローン	131,169
国際労働機関	142	戸別所得補償制度	135	サミット	165
国事行為	26	個別的自衛権	28	参議院	43
国税	118	戸別訪問	67	産業革命	97
国政調査権	44	コーポレート・ガバナンス	107	産業資本主義	96
国内総生産	110	コメコン	84	産業の空洞化	130,168
国内避難民	89	コモン・ロー	11	三権分立	13,42
国富	110	雇用保険	148	三審制	52
国民	8	雇用・利子および貨幣の一般理論	98	参審制	53
国民皆保険・国民皆年金	148	ゴルバチョフ	86	酸性雨	154
国民主権	16,17,25,26	コングロマリット	107	参政権	34,35
国民純生産	111	混合経済	98	サンフランシスコ平和条約	92
国民純福祉	111	コンツェルン	108	三位一体の改革	56
国民所得	110,111	コンドラチェフの波	113	三面等価の原則	111
国民所得倍増計画	129	コンプライアンス	107	三割自治	56
国民審査	50				
国民生活センター	138	**さ**		**し**	
国民総所得	110	財	96,104	自衛隊	28
国民総生産	110	再議	55	ジェノサイド条約	15
国民投票法	31	罪刑法定主義	50,52	私企業	104,106
国民の義務	38,39	最高裁判所	51	資源ナショナリズム	170
国務大臣	46	財産権の不可侵	33	資源配分の機能	116
国連NGO	79	再審制度	53	自己決定権	37
国連開発計画	93	財政	116	自己資本	120
国連環境開発会議	155	再生可能エネルギー	156	自己破産	139
国連環境計画	155	財政政策	125	資産効果	130
国連軍	81,84	財政投融資(計画)	117	支出国民所得	111
国連軍縮特別総会	90	財政の硬直化	119	自主流通米	134
国連事務総長	79	財政法	119	市場	108
国連難民高等弁務官事務所	89	最低賃金法	143	市場機構	108
国連人間環境会議	155	歳入・歳出	117	市場経済	96,108
国連貿易開発会議	170	財閥の解体	128	市場の失敗	109
コジェネレーション	156	サイバーテロ	140	自然権	12,16
55年体制	62	裁判員制度	53	自然法	10,12
個人情報保護関連5法	37	裁判官	53	思想・良心の自由	32
個人情報保護法	140	裁判官の職権の独立	50	持続可能な開発	155,179
個人の尊厳	32	裁判所	42,50	下請け	133
コソボ紛争	86	裁判の公開	53	自治事務	57
国会	42,44	裁判を受ける権利	35	市町村合併	57
国家公務員倫理法	49	歳費特権	45	実定法	10
国家の三要素	8	裁量労働制	144	自動安定化装置	116
国境なき医師団	87	サッチャリズム	99	児童手当	150
国権の最高機関	26	砂漠化	155	児童の権利条約	15
国庫支出金	56	サービス	96,104	地場産業	133

さくいん

支払い手段	120
死票	64
シビリアン・コントロール	29
司法権の独立	50
資本収支	162
資本主義経済	96
資本装備率	132
資本の自由化	129
資本の蓄積・集中	97
資本論	100
市民革命	16
市民政府二論	12,13
シャウプ勧告	118,128
社会規範	10
社会契約説	12,16
社会契約論	12
社会権	14,34
社会資本	104,105
社会主義経済	100
社会主義市場経済	21,101
社会主義者鎮圧法	148
社会福祉	148,149
社会保険	148
社会保障	148,150,174
社会保障法	148
社会民主主義	100
衆議院	43
衆議院の優越	45
自由権	32
自由権的基本的人権	14
私有財産制	96
終身雇用	144,176
終審裁判所	50
修正資本主義	98
集団安全保障	76
集団的自衛権	28
18世紀的基本的人権	14
自由貿易	160
自由貿易協定	166
自由放任政策	9,96
住民基本台帳ネットワーク	37,140
住民自治	54
住民投票権	56
自由・無差別・多角	165
十四か条の平和原則	77
需給ギャップ	125
主業農家	134
ジュグラーの波	113
主権	8
主権国家	72
主権論	9
首長	55
ジュネーブ4巨頭会談	85
需要	108
需要曲線	108
主要国首脳会議	85
循環型社会形成推進基本法	153
春闘	142
常会(通常国会)	43
障害者権利条約	15
障害者雇用促進法	145
証券投資	162
上告	52
少子化	150
少子高齢社会	150,174
上場	106
常設仲裁裁判所	73
小選挙区制	64
小選挙区比例代表並立制	66
肖像権	37
象徴天皇制	26
常任委員会	44
常任理事国	78
消費者基本法	138
消費者契約法	138
消費者主権	138
消費者団体訴訟制度	138
消費者庁	139
消費者の4つの権利	138
消費者問題	138
消費税	118
消費生活センター	138
商品経済	96
情報公開法	36
情報の非対称性	109
条約	74
条例	54
食の安全	135
食品安全基本法	139
植民地独立付与宣言	85
食料安全保障	135,178
食糧管理制度	134
食料自給率	135
食料・農業・農村基本法	135
食糧法	135
女子差別撤廃条約	15
食管赤字	134
所得再分配の機能	116
所得収支	162
所有と経営の分離	107
知る権利	36
人格権	36
審議の原理	17
人権理事会	15
人口爆発	156
新国際経済秩序	170
新思考外交	86
新自由主義	99
人種差別撤廃条約	15
身体の自由	32
信託統治理事会	79
人道的介入	181
人民主権	12
信用創造	120,121
人類益	182
新冷戦	86

す

垂直的公平	118
垂直的分業	160
水平的公平	118
水平的分業	160
スタグフレーション	99,124,130
ストック	110
ストックホルム・アピール	91
砂川事件	28
スーパー301条	168
スプラトリー(南沙)諸島問題	88
スミソニアン合意	164
3R	153

せ

成果主義	144
生活保護法	149
請願権	35
請求権	34,35
政教分離の原則	32
政策金利	122
生産国民所得	111
生産手段の社会的所有	100
生産手段の私有	96
生産年齢人口	150
政治	8
政治改革	62
政治権力	8
政治資金規正法	63
政治的無関心	69
精神の自由	32
製造物責任法	139
生存権	14,34
政党	60
政党交付金	63
政党助成法	63
政党政治	62
成年後見制度	139
政府	104,105
政府開発援助	171
政府の銀行	122
成文法	10
政務官	49
勢力均衡	76
政令	47
世界恐慌	98
世界銀行	164
世界金融危機	131,169
世界人権宣言	15,148
世界同時不況	131
世界貿易機関	165
石油危機	130
石油輸出国機構	170
セクシュアル・ハラスメント(セクハラ)	144
説明責任	157
セーフガード	161
セーフティネット	174,177
ゼロ・エミッション	153
ゼロ金利政策	123,125
世論	68
世論操作	68
全会一致制	77
選挙管理委員会	66
選挙制度	64,66
全国人民代表大会(全人代)	21
専守防衛	28
戦争と平和の法	74
戦争の放棄	29
全体の奉仕者	48
専門機関	79
戦略兵器削減条約	91
戦略兵器制限交渉	91
戦力の不保持	29

そ

総会(国連)	78
争議権	34,142
争議行為	143
総合安全保障	93
総合農政	134
総辞職	46
総需要抑制策	130
総量規制	152
族議員	48,60,63
租税	117,118
租税法律主義	118
ソマリア内戦	88
損失補償請求権	35

た

対外純資産	111
待機児童	150
代議制	16
大規模小売店舗立地法(大店立地法)	133
第三セクター	106
大衆政党	60
対人地雷全面禁止条約	91
大西洋憲章	78
大選挙区制	64
大統領制	19
大日本帝国憲法	24
代表の原理	17
第四の権力	68
多国籍企業	107,169
多国籍軍	81
多重債務問題	139
多数決の原理	17
タックスヘイブン	169
脱政治的態度	69
多党制	61
田中正造	152
他人資本	121
ダルフール紛争	88
弾劾裁判所	45,50
単記投票制	66
団結権	34,142
男女雇用機会均等法	144
男女同一賃金の原則	143
団体交渉権	34,142
団体行動権	34,142
団体自治	54
単独行動主義	87
単独政権	61
ダンバートン・オークス会議	78

ち

治安維持法	24
小さな政府	9,96,99
チェチェン紛争	89
チェック・アンド・バランス	13
地球温暖化	154
地球温暖化防止条約	154
地球サミット	155
知的財産基本法	141
地方公共団体(地方自治体)	54
地方交付税	56
地方債	119
地方自治	54,56
地方自治の本旨	54,175
地方自治は民主主義の学校	54
地方自治法	54
地方税	118
地方分権	175
地方分権一括法	57

さくいん

地方分権改革推進法 57
チャーチスト運動 14,17
チャーチル 84
中央銀行 122
中央省庁等改革関連法 49
中央選挙管理会 66
中距離核戦力全廃条約 91
中小企業 132
中小企業基本法 132
中小企業金融円滑化法 132
抽象的違憲審査制 42
朝鮮戦争 84
重複立候補 65,66
直接金融 120
直接税 118
直接請求権 56
直接選挙 64
直接投資 162
直接民主制 12,17
直間比率 118

つ・て

通貨 120
通信傍受法 140
抵抗権 12
帝国主義 97
ディスクロージャー 107
デジタル・デバイド 141
デタント 85
鉄のカーテン 84
デフレーション(デフレ) 124
デフレスパイラル 124
デモンストレーション効果 138
デリバティブ 169
電子商取引 140
伝統型無関心 69
伝統的支配 8
天皇大権 25,26

と

ドイモイ 101
党議拘束 63
東西ドイツ統一 86
投資収支 162
同時多発テロ 87
道州制 57
統治行為論 28,53
特需景気 128
特殊法人 48
独占 108
独占禁止法 108
独占資本主義 97
特別委員会 44
特別会(特別国会) 43,47
特別会計 117
特別引出権 164
特別法 56
独立行政法人 49
特例国債 119
土地囲い込み 96
特化 160
特恵関税制度 170
ドッジ・ライン 128
トラスト 108
トーリー党 60
ドル不安 164
トルーマン・ドクトリン 84
奴隷的拘束および苦役からの自由 33
トレーサビリティ 135
ドント式 65

な

内閣 42,46
内閣総理大臣 46
内閣の助言と承認 26
内閣不信任案 44
内政不干渉 74
内部留保 120
長沼ナイキ基地訴訟 28
ナショナリズム 72
ナショナル・トラスト運動 153
南南問題 170
南米南部共同市場 167
南北問題 170
難民 89
難民条約 89

に

新潟水俣病 152
二院制 43
ニクソン・ショック 164
20世紀的基本的人権 14
二重構造 132
二大政党制 61
日米安全保障条約 28,92
日米構造協議 168
日米包括経済協議 168
日韓基本条約 93
日ソ共同宣言 92,93
ニッチ産業 133
日中共同声明 92
日中平和友好条約 92
ニート 145
200海里 9
日本銀行 122
日本国憲法 24
日本政策金融公庫 132
ニューディール政策 98
人間の安全保障 93

ね

ねじれ国会 62
熱帯林の減少 155
ネット選挙の解禁 141
ネット・リテラシー 68
年金保険 148
年功序列賃金 144,176

の

農業基本法 134
納税の義務 39
農地改革 128,134
濃度規制 152
ノーマライゼーション 151

は

バイオマス 156
排出量取引 154
陪審制 53
排他的経済水域 9
配当 107
パグウォッシュ会議 91

バージニア権利章典	12,16
発券銀行	122
パートタイム労働法	145
派閥	63
バブル経済(バブル景気)	113,130
バリアフリー社会	151
パレスチナ解放機構	89
パレスチナ紛争	86,89
ハンガリー動乱	85
反政治的態度	69
万人の万人に対する闘争	12
販売農家	135

ひ

非価格競争	109
非核三原則	29
比較生産費説	160
比較優位	160
東ティモール紛争	89
東日本大震災	157
非拘束名簿式比例代表制	67
被告	52
ビスマルク	148
非正規雇用	144
非政府組織	87
非同盟諸国首脳会議	85
非同盟中立	85
人の支配	11
秘密選挙	64
表現の自由	32
平等権	32
平等選挙	64
平賀書簡事件	51
ビルトイン・スタビライザー	116
比例代表制	65,67

ふ

ファンダメンタルズ	163
フィスカル・ポリシー	116
フィラデルフィア宣言	148
フィランソロピー	107
封じ込め政策	84
フォークランド紛争	88
付加価値	111
賦課方式	150
武器輸出三原則	92
不況	112
福祉国家	9
福島第一原発事故	157
副大臣	49
不在者投票	66
付随的違憲審査制	42,53
不正アクセス禁止法	141
不逮捕特権	45
普通選挙	64
物価	124
復興金融金庫(復金)	128
不当労働行為	143
不文憲法	18
部分的核実験停止条約	90
不文法	10
プライス・リーダー	109
プライバシーの権利	36
プライマリー・バランス	117,174
プラザ合意	130,165,168
プラハの春	85
フランス人権宣言	12,16
フリーター	145
フリードマン	99
不良債権	130
フリーライダー	109
フレックスタイム制	144
ブレトンウッズ体制	164
プレビッシュ報告	170
フロー	110
フロンガス	154
分業・協業	96
分担金	81
分配国民所得	111
文民	46
文民統制	29

へ

平和維持活動	80
平和維持軍	81
平和5原則	85
平和10原則	85
平和主義	25,28
平和的生存権	29
「平和のための結集」決議	81
ヘッジファンド	163,169
ベトナム戦争	84
ベバリッジ報告	148
ベルリン封鎖	84
ペレストロイカ	20,86,101
弁護士	53
ベンチャー・キャピタル	133
ベンチャー・ビジネス	133
変動相場制	164

ほ

保安隊	28
ホイッグ党	60
法	10
貿易・為替の自由化	129
貿易・サービス収支	162
貿易摩擦	130,168
法科大学院	53
包括的核実験禁止条約	91
法治主義	11
法定受託事務	57
法定手続きの保障	33
法テラス	53,139
法の支配	11
法の精神	13
法の下の平等	32
法律の留保	25
北米自由貿易協定	166
保護貿易	160,161
ポジティブ・アクション	144
ボーダレス化	93
ボーダン	9
ポツダム宣言	24
ホッブズ	12
北方領土問題	93
ポートフォリオ	169
ポリシー・ミックス	116,125
本会議	44

ま

マイナス成長	130
マグナ・カルタ	11
マーシャル・プラン	84
マスコミ（マス・コミュニケーション）	68
マーストリヒト条約	166
マス・メディア	68
まちづくり3法	133
マッカーサー三原則	24
マックス＝ウェーバー	8
松本案	24
マニフェスト	60
マニュファクチュア	96
マネーストック	122
マネタリズム	99
マルクス	97,100
マルタ会談	86

み

見えざる手	108
水俣病	152
ミニマム・アクセス	135
ミレニアム開発目標	170
民事裁判	52
民主政治	16
民族自決	181
民定憲法	25

む

無過失責任	139,152
無政治的態度	69
無党派層	63,69

め

明治憲法	24
メセナ	107
メタンハイドレート	156
メディア・リテラシー	68,141
免責特権	45

も

黙秘権	33
持株会社	108
モノカルチャー経済	170
モンテスキュー	13
モントリオール議定書	154

や・ゆ

夜警国家	9,96
野生生物種の減少	154
野党	60
ヤルタ会談	78
有限責任	106
有効需要	98,116
ユニバーサルデザイン	151
ユニラテラリズム	87
ユビキタス社会	140
ゆりかごから墓場まで	148

よ

預金業務	121
預金準備率	121,122
預金通貨	120
予算	47,117
予算先議権	44
四日市ぜんそく	152
4つの自由	15
与党	60
四大公害訴訟	152

ら・り

ラッサール	96
ラムサール条約	154
利益団体（利益集団）	60
リオ宣言	155
リカード	160
リコール	56,139
利潤	96,104
利潤導入方式	101
リスト	161
リストラクチャリング（リストラ）	144
立憲政治	16
リバイアサン	12
領域	8
両院協議会	44
両性の本質的平等	32
量的緩和政策	123,125
臨時会（臨時国会）	43,47

る・れ

累進課税	116,118
ルソー	12
ルーブル合意	165
ルワンダ内戦	88
冷戦	84,86
レーガノミクス	99
レッセ・フェール	9,96
レファレンダム	56
連合国軍総司令部	24
連座制	67
連立政権	61,62

ろ

労災保険	148
老人保健法	151
労働委員会	143
労働運動	142
労働価値説	96
労働関係調整法	142,143
労働基準法	142
労働基本権	14,34,142
労働組合	142
労働組合法	142,143
労働契約法	143
労働三権	34,142
労働三法	142
労働審判法	143
ロシア革命	101
6か国協議（6者協議）	93
ロック	12
ロビイスト	60
ローレンツ曲線	177

わ

ワイマール憲法	14
ワークシェアリング	144,176
ワーク・ライフ・バランス	144
ワシントン条約	154
ワルシャワ条約機構	84
湾岸戦争	86

■ 執筆・編集協力…西岡小央里
■ 図版…デザインスタジオエキス

シグマベスト
**要点ハンドブック
政治・経済**

本書の内容を無断で複写(コピー)・複製・転載することは，著作者および出版社の権利の侵害となり，著作権法違反となりますので，転載等を希望される場合は前もって小社あて許諾を求めてください。

Ⓒ BUN-EIDO　2013　Printed in Japan

編　者	文英堂編集部
発行者	益井英博
印刷所	中村印刷株式会社
発行所	株式会社　文英堂

〒601-8121 京都市南区上鳥羽大物町28
〒162-0832 東京都新宿区岩戸町17
(代表)03-3269-4231

●落丁・乱丁はおとりかえします。